集英社文庫

老後の大盲点

フレディ松川

目次

第2章　21世紀の健康の守り方

第3章　やっぱり、ボケ予防

第4章　スケベのすすめ

第5章　老衰で死のう

金色のスズメの話

――まえがきにかえて

西暦2015年になると、なんと4人にひとりが65歳以上になる。

これは大変なことである。もちろん、高齢化社会になるために、よくいわれるように年金の問題も大変なことではあるが、さらに大変なのは、当の65歳以上の人たちである。

なぜ、大変かというと、あちらこちらに高齢者がいることによって、「老人が大切にされない」時代が確実にやってくるからである。

たとえは多少悪いかもしれないが、いま40代から50代の人たちが老人になる、これからの年寄りは、単なる「スズメ」なのだ。

あなたの家の庭を思い出してもらいたい。庭に珍しい鳥が来ると、つい、エサをあげたくなるが、スズメがわーっと押し寄せると、思わず追い払いたくなる。そうではないだろうか。

町に年寄りが少ない時代はよかった。

昔、町内会でよくあった「敬老の日にはお祝いをしてあげよう」などという気持ちが生まれるのは、老人が少ないからである。70歳の人が町内にひとりかふたりいた時代はそれでよかった。古稀《こき》、まさに稀《まれ》だったから、人は珍しい鳥を大事にするがごとく、年寄りを大切にした。それが4人にひとりもいたら、どうだろう。人間とは薄情なもので、スズメの大群には目もくれない。敬老の気持ちすら薄れてしまうのである。

農地に集まってくるスズメが害鳥のように、21世紀の私たちは、まさに疎《うと》んじられるスズメでしかない。加えていえば、いま、学校教育で「お年寄りを大切にしよう」などという教育がなされているかといえば、否なのだ。だから、当然、若い人たちのなかの「敬老の心」など薄れていくに決まっている。

21世紀は、年寄りを大切にしない若い人たちが時代の中心になり、かつ、年寄りの人数は増えていくのだから、「高齢者が大切になどされるわけがない」ということを、私たちは最初に、まずしっかりと、認識しておかなければならない。

もしあなたが、自分が年をとった時、「俺《おれ》は家族のために汗水垂らして頑張ったのだ、だから、もっと大切にされるべきだ……」などという「妄想」を持っているとしたら、それはいますぐにでも捨てなさい。残念ながら、それはあなたの「幻想」でしかないのだ。

世の中で大切にされないとしたら、どうしたらいいだろう。開き直って、私たちは「自立」するしかない。

しかも、日本のお年寄りは外国の老人に比べて、自立心が弱いように思える。農耕民族で同居率が高いため、個人より全体を重視する国民性のせいかもしれない。しかし、その理由はどうあれ、これからは自立心がもっともっと必要不可欠なものになるにちがいない。

どんなに年をとっても、人を頼らず、自分でしっかりと生きなければならない。その覚悟が必要だということを、まず最初に書いておこう。

しかし、なかには、どうしても大切にされたいと思う人もきっといるだろう。どうしても、とはいわないまでも、家族に大切にされながら一生を終えたいと思う人もいるかもしれない。それにはどうしたらいいだろうか。まったく方法はないかというと、そうでもない。ひとつだけ、年寄りが大切にされるいい方法がある。

それはスズメにならないことだ。いや、スズメでもいい。スズメなら「金《きん》のスズメ」になることだ。自立し、楽しく、生き生きした老人を「金のスズメ」と呼びたい。たとえチュンチュン、鳴き声はスズメでも、羽がキラキラ輝く金色だったら、きっとまわりの人たちも珍重してくれるにちがいない。
では、どうしたら、金のスズメ、単なるスズメではない珍しい鳥になれるか。
それをこれからひとつひとつ、実際の例をあげて考えていくことにする。

フレディ松川

老後の大盲点

第1章　間違いだらけの老後計画

こんなはずの老後ではなかった……と今日も老人が死んでいく

――いまの年寄りの轍《てつ》を踏むな！

私は、団塊の世代で、あと少しで55歳に手が届く年齢になった。子供の頃《ころ》から、いつも競争、競争で、ようやく落ちついたと思えば、何と2015年に日本が高齢社会のピークを迎えるという。

その時、生きていれば、私は69歳になり、高齢社会の真っ只中《ただなか》にいることになる。高齢社会のピークということは、いったいどういうことか。団塊の世代が小学校の時、中学校の時、高校、大学受験の時に経験したのと同じように、老人がうじゃうじゃあふれているということである。

歌舞伎座に行ったことがある人はわかると思うが、観客席を見渡してみても、若い人の数は大変に少なく、客のほとんどが60歳以上である。休憩時間になると、トイレは老人の列、食堂やみやげ物売場にもおばあちゃんたちが圧倒的に多い。

そうした風景が、別に劇場のなかだけでなく、デパートのなか、電車のなか、食堂、商店街、教会、タクシー乗場、駅などで見られるのである。

これは実に想像を絶する光景である。

20年後、私はそうした未知の環境のなかで「どうやって生きているだろうか」と考えたのが、この本を書き出すきっかけになった。

病気で、寝たきりになって家族に迷惑をかけていないだろうか、ボケて何にもわからないまま、ただ生きていないだろうか、それとも元気で医者を続けているだろうか……。

少なくとも、希望を持って生きていたい、と切に願ってはいるが、はたしてどうなるかいまの段階ではわからない。

ただ、いまからひとつだけ決めておきたいことがある。

それは、年をとってから「後悔しない」ということである。

「やっぱりそうか。ああ、あの時にこうしておけばよかった」

と、深く反省したところで、そこからは何も生まれないからである。

私は、仕事がら、いまのお年寄りたちが「こんなはずではなかった」と思いながら死んでいく姿を何人も見続けてきた。

いまのお年寄りたちは、戦前の物のない時代に、「欲しがりません、勝つまでは」「贅沢《ぜいたく》は敵だ」と我慢に我慢を重ね、戦後は「アメリカに追いつけ、追い越せ」で一生懸命に働いた。そのおかげで、日本はみるみる世界有数の経済大国になった。

うさぎ小屋は国土が狭いからしかたがないにしても、その各家庭に電気製品は揃《そろ》い、車もあり、食事も豪華になった。戦前の貧しい暮らしからみると、まるで夢のような光景かもしれない。そして、ほとんどの国民が「中流以上」の生活を送っていると「錯覚」している。

だが、モーレツ・サラリーマンとして働いた彼らがたどりついた老後は、自分たちが描いた「中流以上の幸せな老後」とはほど遠く、まったくちがったものだったという人が圧倒的に多いのではないだろうか。

会社のために、自分の家庭を投げうって、働いたにもかかわらず、定年になったのをいいことに、まるで使い捨ての紙ナプキンのように、家庭に放り返された。

「だったら、もっと家庭を大事にしておけばよかった……」

「会社なんか適当に働いておけばよかった……」

そう、思っている人の数は計り知れない。

子供のために、一生懸命働き、自分の好きなことも我慢して、金を注ぎ込んだのにもかかわらず、子供は年とった親の面倒をみようとはしない。

「なんのために、子供にお金をかけたんだ……」

「子供をこんなふうに育てたつもりはなかった……」

そう、嘆いている人の数も、相変わらず圧倒的に多いはずだ。

それだけではない。どうしても、心が豊かになれないのである。

「こんなはずではない……もっと楽しくて、悠々とした老後のはずだった……」

しかし、彼らがどんなに強くそう思っても、もう遅い。時間は決して元に戻ってはくれないのである。後悔先に立たず、まさに、それである。

なぜ、後悔してもダメか。なぜなら、年寄りは若い時とはちがって、「やり直し」がまったくといっていいほど、きかないからである。

あなたが年をとって、

「ああ、あの時に、こうしておけば、幸せな老後が待っていたのに……」

と嘆いた時は、すでに手遅れだと思っていいだろう。だから、私たちは、いまから手を打っておこうと思うのである。

馬鹿いってんじゃない。こっちも年をとってるんだ！——誰も面倒をみてくれない覚悟

年をとってからでは遅すぎる。

気がついてもやり直しがきかないのなら、年をとる前に、自分の老後を想定し、自分の老年期をどう生きるか考えておく必要がある。

平均年齢まで生きると仮定して、ボケずに元気で長生きをするためには、いったい何が必要なのかを、いまからしっかりと見極めておかなければいけない。

金があればいいのか——

子供がたくさんいれば、幸せなのか——

たしかに財産はないよりはマシだが、しかし、ただ持っていればいいというわけでもなさそうだ。

子供がたくさんいても、必ずしも面倒をみてくれるとはかぎらない。子供が多いがゆえにたらいまわしという悲惨な場合だってある。

そうしたなかで、団塊の世代の私たちにとって、一番いけないのは、国の福祉

政策も含めて、老後はきっと誰《だれ》かが面倒をみてくれるだろうという楽観主義である。

むしろ、自分たちの老後は「誰も面倒などみてくれない」と、いまから十分に覚悟しておいた方がいいかもしれない。

なぜなら先に述べたように、子供が少ないうえに、４人にひとりが老人という超高齢社会がやってくれば、他人のことどころではないからである。

「ここまでの日本を作ったのは、いったい誰だと思っているんだ。俺たち、団塊の世代じゃないか。もっと年寄りは大切にされるべきだ！」

などといったら、

「冗談はやめてください。こっちだって、年をとっているんだから」

といわれるのがオチである。

私を含めて、これから老後を迎える人たちは、年寄りだからという「甘え」は絶対に許されない、ということを、強く肝《きも》に銘じておいてほしい。

21世紀の老い方は、これまでの老い方とは完全にちがう!

――意識革命の必要性

21世紀を迎えた。

光ファイバーなど通信技術の発達によって、世界はますます狭くなるだろうし、コンピューターの発達によって、どんな便利なものがこれから誕生するかわからない。

宇宙旅行も夢でなくなるかもしれない。マルチメディアの発達で、会社や学校に行かなくても、仕事や勉強ができるようになるかもしれない。

しかし、物がどんなに豊かになったところで、そこに老後の本当の幸せがあるかどうかは、あてにはならない。

車が家族に各1台ずつあるからといって、インターネットで世界中のショッピングができるからといって、老後の幸せはまったく保証できない。

子供がいても安心できないし、もちろん、金があったところで上手に使わなければ価値がない。

これまでは、お金があることや、子供がいること、家や土地があること、年金で暮らせること……そんな何でもないことで、何とかそれなりの老後を暮らすことができた。

ところが、21世紀は、20世紀までの老後のための武器は、まったく使えないかもしれないのである。ここに大きな盲点がある。

では21世紀は、いったい何を武器にして、老いていけばいいのだろうか。

それがいまからわかれば、何の心配もいらない。

この第1章では、10年後、20年後に老年期に入る人たちに向けて、いままでの価値観では幸せな老後がないことを訴えながら、以下、細かく、老後に対する「意識革命」を勧めていきたい。

老いては子に従うな！

私の病院に週に1度、外来でやってくる緒方さんは、車の部品メーカーの社長。アスコット・タイなどして、一見若づくりだが、まもなく70歳に手が届く。緒方さんの長男は40代の半ば。私も時々、町で顔を合わせるが、立派な体格の、いかにも二代目らしいバイタリティに溢《あふ》れた人だ。

ある日、緒方さんが診察室にやってきて、こんなことをいった。

「先生、そろそろあたしも年ですからね、引退しようと思うんですよ。息子の方も『親父よ、会社を俺に譲っても、もういいだろう。老いては子に従えっていうじゃないか』なんていうもんですからね」

たしかに、息子は後継者としては立派に育ち、もう仕事はまかせてもいいと緒方さんが思うのも無理はない。だが、70歳ぐらいでリタイアしていいのだろうか。私は、絶対に反対である。

「いやぁ、緒方さん、それは絶対やめた方がいいよ。あなたは仕事一筋だったんでしょ。その緒方さんから仕事を取ってしまったら、何にもなくなってしまいますよ」

私はそういって忠告してあげたのだが、老後の生活に関しても、息子に「しばらくゆっくりしてさ、年寄りらしい趣味を持てばいいじゃないか」といわれて、緒方さんは老人クラブに通いはじめたというのだ。

もちろん、金の心配はいらない。それまでの貯金もあるし、孫にも囲まれてまさに悠々自適の生活だった。

だが、そのうち、緒方さん、次第に元気がなくなっていく。

「昨日、何したの？」と聞いても、「何でしたっけねえ……」となかなか思い出せない始末。悲しいかな、あっという間にボケがはじまってしまった。

あとで息子さんに聞くと、緒方さんは息子にいわれたので、一生懸命友だちを見つけようとしたり、趣味を探したが、なかなかうまくいかない。しかし、家族の前では、心配させまいと「楽しいよ」といいながら、老人クラブに通っていたという。

緒方さんの例は決して特別ではなく、私の知っているかぎりにおいても、家督を譲ったために、「親父は口を出すなよ。俺のやりたいようにさせろよ。もう親父の時代とはちがうんだから……」と息子にいわれた職人さんがいた。

いままで自分を支えてきたプライドとか、価値観を頭から、しかも自分が一番信頼して家督を渡した息子に否定されることほど、老いた親にとってのショックはない。

そんな老後を夢みてきたはずはない。自分のやり方でここまで頑張ってきたのに、その望みが断たれた。そうなった老人の末路は哀れだ。落ち込み、自信を失う。自分の存在価値を否定されることは、老人にはつらいことなのである。

緒方さんの場合も、「老いては子に従った」ために、精彩を失い、めっきりと無気力になってしまった同じ例である。

緒方さんは結局ボケて、いまでも私の病院にいる。70歳でボケるのは、早い。あれだけおしゃれだった緒方さんが、いまではトイレにも満足に行けない。

私のところに「息子がね……」といいに来てから、わずか1年半であった。

結局、「老いては子に従え」という諺《ことわざ》は、人生が50年の時代に通用した諺であって、個人差の大きい老人一般にあてはまらない。緒方さんの例をみるまでもなく、いまの長寿社会においては、決して素晴らしい諺ではない。むしろ、「老いても子を従え」の方が適切な表現かもしれない。

子供が多いと「たらいまわし」にされる！

私がなぜ老人の自立が大事で「子供に頼るな」というかについて、もう少し角度を変えて書く。

一般的にいえば、子供がいない老人より、子供に恵まれた老人の方が、老後ははるかに安心だと思われている。

「いいわねえ、あなたなんか、子供さんが5人もいるんでしょう。あたしなんか子供ができなかったから、これから大変よ」

「でもね、娘は遠くに嫁に行ってるし、長男の嫁はデキが悪いしさ、大変なのよ」

などと、今日も病院の待合室でおばあちゃん同士がどちらかが診察室から呼ばれるまで大きな声で盛り上がっていた。

私たちの老後にとって、子供がいた方が幸せか――。これがこれからの時代においては実は大変な問題なのだ。

戦前のように、「親は長男がみるものだ」という時代の方がまだよかった。「長男なんだからしょうがないでしょう。そのかわり、財産は全部もらえるんだから……」という風潮であったため、嫌々《いやいや》でもともかく、親は老いた後、子に面倒をみてもらった。

ところが、時代は変わり、戦後、なまじ「親の財産は子供が平等に分ける」と法律で決まったために、ひとり取り残された病気の親が「たらいまわし」にされているケースが実に多いのである。

長男だけがみる義務もない。したがって、財産も平等なら、介護も平等という論理がここに生まれてくるのだ。子供たちにとってみれば、「ここらで面倒をみておかないと、死んでから財産がもらえない」という「半分親孝行、半分義務感」という感じなのだろう。そこで、お決まりの「たらいまわし」がはじまる。

「うち、子供が受験だからさ、悪いけど、そっちでみてくれない？」

「姉さんの家、広いだろ。俺のところ、マンションだしさ、頼むよ」

「じゃ、３カ月交代にしようか……」

一番悲劇なのは、ボケがはじまってからのこうした「たらいまわし」である。

私の知っているおばあちゃんも、おじいちゃんが死んでからしばらくひとり暮らしをしていたが、ボケはじめてから、家族が面倒をみるようになり、結局、先の例のように、次々と住む場所が変わり、「ここはどこ？」の繰り返しでとうとう完全にボケてしまった。

「まいったなぁ……。先生、ボケたら2年で死ぬっていいますけど、もう3年になりますが、いつ死にますか」

ひどいものだ。もうそうなると、子供たちは1日も早く、親が死ぬのを望んでしまう。どんなにあなたが子供をかわいがったところで、その子供に「早く死なないかな」なんて思われる最期だけは迎えたくないだろう。

子供がいるからといって、決して安心できない盲点があることをいまから肝に銘じておこう。

死んでも遺体を取りに来ない子供がいる！

これは不幸なおじいちゃんの例なので、あえて名前を出さない。

仮にOさんとしておこう。

Oさんは、74歳。大手電機メーカーの部長だったそうだが、定年後、奥さんを亡くしたショックからか、老人性うつ病にかかり、食欲もなくなったので、私の病院に入院してきた。検査をしてみると、すでに肝臓ガンが進行していて、手術もできない。

子供は3人いるのだが、最初に次男の嫁が付き添って来ただけで、その後、一切、家族は顔を出さない。私の病院ではひと月2回、支払いがあるから、必ず誰かが病院には来ているはずなのに病室に寄ろうともしない。

Oさんに一度たずねたことがある。

「おじいちゃん、なんで孫たちは見舞いに来ないのかな?」

Oさんは、寂《さび》しそうに笑いながら、

「先生、子供の育て方を間違えたようですわ」

といった。医者からみれば、そんな悪い親にも思えなかったが、何か特別な事情でもあるのだろうと思って、それ以上深くは詮索しなかった。

そのOさんの容態がある日、急変した。何度電話をしても、家族は「わかりました」といって病院にかけつけようとはしない。Oさんは、私たちスタッフだけに看とられて、深夜に寂しく亡くなった。

病院のスタッフが死亡したことを家族に連絡した。だが、その返事を聞いて驚いた。

「こっちは病院に金払っているんだから、そっちでちゃんと面倒をみろよ」というのだ。

「面倒？　いままで面倒をみてきたじゃないですか。これ以上どうしろというんですか」

スタッフの大声で、私が電話口に出た。Oさんの長男らしい。

「院長ですが……」

「ああ、院長か、そっちで葬式を出すことはできないですか。金は出すから」

私は、ものすごい怒りを胸に押しとどめ、ゆっくりとした口調でいった。

「わかりました。じゃ、いますぐ、クール宅配便でそちらに送ります！」

あわてた家族がやって来て、病院の霊安室からOさんの遺体を運び出したと聞いたのはそれから6時間後のことだった。

毎日のように、ベッドのまわりに子供や孫がやって来る幸せな老人もいれば、一方でOさんのように、誰も見舞いに来ないまま、死んでいく人もいる。まさに老人病棟は人生の縮図だといえよう。

だが、私はOさんの家族をいちがいに、親不孝な子、薄情な子だと断定することはできない。これは、あなたが年をとってからわかることだが、あなたの子供が親孝行であるかそうでないかは、実は子供の問題ではなく、親の問題なのだ。薄情な子だと嘆く前に、そういう子供に自分が育てたのだということを、よくわかってほしい。

だから、このOさんのように、病気になった親が、見舞いに来ないわが子をあまり責めないのは、どこかで自分の育て方が悪かったことがわかっているのではないかと思う。

もし、あなたが死んだ時、あなたの子供たちが遺体を引き取りに来なかったとしたら、それは子供が悪いのではなく、あなたが悪いのだということを、いまから、しっかりと自覚しておいた方がいいかもしれない。

金を使わない老人の悲劇

世の中には、財産をたくさん持っている老人がいるものである。

もし、あなたが、年をとって、財産をたくさん持てたとしたら、次の例を参考にしておいてほしい。

これも、差し障りがあるので、仮にKさんとしておく。

この人は、いわゆる「たたきあげ」で、自分のからだひとつで会社をおこし、資産家といわれるまでこぎつけた、地元では立身出世の典型的な実業家だった。

このKさんが、私の病院に最初に来た時は、肝臓の調子が悪いので、検査をしてほしいということだった。ひと通り検査をしたところ、ガンの疑いがあるということで、再検査をするように指示をしたが、以後、さっぱりと現れない。

病院というところは、こういう患者に対しては、事務的である。再検査を指示し、日時まで決まっていたのに現れなかった患者に対しては、こちらから催促して、検査をさせることはしない。それでなくても忙しいし、自分の身体なのだから、自分で守ってもらわなければならないからである。

二度目に横腹を抱えるようにしてKさんが現れたのは、それから1年後だった。肝臓ガンはあきらかに進行していた。もう、手遅れである。

「入院して徹底的に治療しましょう」

というと、

「家で治療できないか」

という。なぜかと聞くと、

「入院するとなると、立場上、個室になってしまう。そうなると、差額ベッド代がかかるし、特別な治療をするとなれば金もかかる」というのだ。

「お金のことより、あなたの命が大事でしょう」

私がムッとしながらいうと、Kさんはこういった。

「あなたは貧乏したことがないからそういうけれど、大変なんだよ、ここまで金を貯めるには。並大抵のことで貯めたんじゃないんだから……」

私は、半ばあきれながら、家族ならわかってくれるだろうと思って相談したが、答えは同じだった。そういう親に育てられている子は、自分の親の病気でさえ金にこだわった。「先生、何とか、安くできませんか。保険ならただでしょ」

結局、Kさんは大部屋に入り、半年後に亡くなった。それまで持っていた財産は、相続税を取られ、子供たちで分けると、あっという間に豪華な邸宅も売りに出された。

Kさんは、何のために金を稼いだのだろうと、いまもって、私は不思議でしかたがない。若い頃に苦労をして、財産をたくさん手に入れたのなら、老後にそれを使いなさいといいたいのだ。こういう大事な時に使うために、お金というものはあるのではないか。

爪《つめ》に火を灯《とも》すような思いをして、金を貯め、畳の下に何千万円もの現金を隠したまま死んでいったおばあちゃんもいたが、Kさんの人生もただ「お疲れさまでした」としか、いいようがない。

お金をたくさん稼いで、資産の多い老人が気をつけるべきことは、「お金を盗まれること」ではなくて、「自分の老後のために使わないこと」である。お金は貯めるものではなくて使うためにあるということ、それも老後に自由に使えるようにすること、これこそ、老後計画にとって一番大事なことではないだろうか。

もし、Kさんが稼いだ金額の5分の1でも、老後に使っていたら、どれだけ人生を楽しめただろうか……。

急に子供が増えた！

これもよくある例だが、親が入院中に、もう先がないことが分かると、子供たちは、財産の分配に入る。

「おい、もう親父、ダメだってよ」

「親父の財産、誰が整理するんだ。通帳は誰が持ってるんだ。早くおろしておかないと、死ぬと預金が凍結するぜ」

「先生、いつ、死にますか」

ひどい会話が病室ではじまる。いくら、意識不明になっているからといって、ベッドの脇《わき》でそんなことをいっている場合じゃない。

当然といえば当然だが、私は何だかむなしい気がしてならない。遺産相続をなるべく早くやりたいのはわかっているが、まだ命があるうちから、病室で醜《みにく》い争いをはじめられても、私たちは困るだけである。

私の病院に入院していたTさんが、薬石効なく、亡くなった。それはいいのだが、その後、私のところに弁護士がやってきて、厄介《やっかい》なことになった。

「先生、すみません、ちょっとご相談が……」

話を聞くと、こうだ。

Tさんには息子がふたりいて、Tさんには奥さんがいないので、Tさんの財産は息子ふたりで分けることになった。ここまでは当然である。ところが、なぜか財産は四つに分けられて、4分の3が長男、4分の1が次男ということになったのである。

なぜ、そんなことが起こったかというと、長男の子供ふたり、つまりTさんの孫をTさんと養子縁組をさせたのだ。すると、子供が4人ということになり、財産は4分の1ずつ分けられるというわけである。

Ｔさんの実印は、長男が持っているから、簡単に書類を出せるわけである。ところが、これに対して、次男が裁判を起こしたというのである。

弁護士を通して、その書類を作成した時点で、病床のＴさんに孫と養子縁組をするということを自分の意思で判断できたかどうかを、私に聞きたいというのである。

もちろん、Ｔさんは意識不明の時間が長かったから、そんな意思はなかったことを私は証明したが、これも「親のことはどうでもいい」という典型である。

あなたの子供が、あなたの財産でもめることはないかもしれないが、こういうことも世間では、ままあるものである。

「老後は外国で……」は無謀すぎる

私の知人の両親、山野夫妻は大変仲がよく、定年後、奥さんとよくヨーロッパやアメリカにと、ツアーの海外旅行に出かけていた。

なかでも、スペインの南、アンダルシアの町が非常に気に入ったようだった。

そこは物価も安く、観光地コスタ・デル・ソルも近いし気候もいい。こういう所に住めたらいいなぁ、と旅行中に思ったことが、老後を目の前にして、いま迷いのタネになっているようだった。

友人の話によると、日本にいたらこの程度の預金ではたいしたこともできないが、いまの家を売れば何千万円かにはなり、それを持って向こうに行けば、夢のような生活ができるんじゃないかと思っているというのだ。

「先生、どうですかね、老後、外国に住むというのは。僕は両親がそんなにいうなら行かせてやろうかと思っているんですが……」

相談を受けた私は、たまたま内科に診察に来た父親から話を聞くことにした。

「息子さんからだいたいの話は聞いていますよ。ご夫婦で外国で暮らすんですって。いいですねえ、優雅で。でも、あなたは外国に長く住んだことがあるんですか？」

山野さんは、「ない」という。2年前にスペイン10日間という格安ツアー旅行で行ってみて、いいところだと思ったから住みたいだけだというのである。

私は、一瞬、驚いてしまった。いま住んでいる家を売って、永住するにしては、いやに簡単な理由である。第一、旅行に行っていいところと、住むのにいいところはちがう。

私は急に心配になった。

「山野さん、言葉はできるの？」

「いえ、できません」

「じゃ、買物も困るよね」

「サンキューぐらいはいえますよ、ハハハハハ」

「スペインはサンキューじゃなくて、グラシアスでしょ」

食べ物は何が好きとたずねると、寿司と蕎麦《そば》。現地に知り合いでもいるかと思えば、誰もいない。アンダルシアの1年の気候も知らなければ、交通事情もわからない。旅行は何度も行っているが、海外生活経験は一度もなく、言葉もできない。知り合いもいない。

奥さんとふたり、いくら仲むつまじいとはいえ、友だちもいない、食べ物にも飽きてくる。治安だってどうかわからない。そういうところに行って、風景だけを頼りに老後を満足に暮らせるわけがない。

たしかに物価も安いから、アパートや家を借りても、かなりいい生活はできるかもしれない。しかし、土地や家が広いだけで、老後は幸せなのであろうか。

「山野さん、やめた方がいいですよ。旅行に行くのは何度でもいいけど、外国に住むのはやめなさい」

私がそういうと、「そうですか?」と半信半疑の顔をして、山野さんは帰っていった。たしかに、世界のなかには、日本より物価の安い国はたくさんある。

だから、山野さんのように、家を売った金で、そうした物価の安い国に行って住めば、老後の生活は安泰だと考える人も少なくないだろう。

かつて、バブルの全盛期には「シルバー・コロンビア計画」なるものが国から提唱されて「物価の安い国で楽しい老後を送ろう」という提案があったが、それもいつの間にか、消えてしまった。

もちろん、バブルの破綻《はたん》ということもあったが、この計画が単なる物価の安さだけで考えられていたことが破綻の原因だった。外国に長い間住んだことがある人で、食べ物も言葉も不自由がないというごく少数の人には、この計画は有効だが、何も知らない人が行ってもまったくダメである。足腰が弱ってきた時、誰が面倒をみるのか。病気になったら、どうするのか――。まさに盲点だらけである。

実際、私の病院でもどこで検査を受けていいのか、さっぱりわからなくてウロウロしているおじいちゃんやおばあちゃんがいくらでもいる。車椅子でやってくる人もいる。救急車で運ばれてくる老人もいる。

こんな時、言葉もわからない外国で、年をとっていったら、どうするのだろう。

満足に誰かに助けも求められないような場所を、次の人生のすみかにするのは、絶対にやめた方がいいと断言する。老後を海外で暮らすというのは、ごく限られた人にしか当てはまらないことなのだ。

それでなくても、年をとってから、住んでいる環境を変えることは絶対にいけないことなのだから。どんな年寄りでも、環境に順応する力が落ちてくるので、ふだん見慣れている家で、知り合いがたくさんいる地域で、老後は暮らすべきだと、ここで断言しておこう。

「定年後の田舎暮らし」は快適なのか

堀川さんは、私がテレビ出演の際にお世話になったマスコミ関係の人。視聴率競争に疲れた堀川さんは、「ゴミゴミした都会は嫌だ。定年後は田舎でのんびりしたい」と常にいっていた。

そして、予定通り、奥さんとふたりで本当に、福島県白河《しらかわ》近郊の農村に引っ越してしまった。そこで畑を買い、晴耕雨読の生活を送るという。

「これで、やっと人間らしい生活ができそうです……」

住所移転通知とともに、そんな言葉が添えてあったのが印象的であった。

その堀川さんが1年ぶりに、私のところに訪ねてきた。

「どうですか？　田舎暮らしの方は……」

と私が近況を聞くと、

「いや、空気もきれいだし、夜、星が降ってくるようで最高ですよ」

とても自慢気にいうかと思っていたら、かなり浮かない様子でこう答えた。

「テンポが全然合わないいんですよ、田舎は」

聞けば、行ってもう1年にもなるのに、知り合いがまだつくれないという。近所付き合いでもしようと思っても、隣家まではかなりの距離があり、しかも夜は真っ暗。人と会わない日が続き、見るのは女房の顔ばかりだと嘆く。

「いまとなっては、先生、夜のネオンが恋しいよ」と堀川さん。

刺激のない、いままでと180度ちがう生活に合わせていこうとしていたら、次第にストレスがたまり、身体の調子までおかしくなったという。

「偏頭痛《へんずつう》だと思うんですけどね、頭が重くて……それに眠れないんですよ。ちょっと検査してもらえませんか」

かなり落ち込んでいるので、さっそく検査をしてみたが、特に異常はなかった。

これはストレスから来た心身症のはじまり。つまり、うつ病の初期だといってもいいかもしれない。こんなはずではなかったと嘆くあまり、堀川さん、精神までおかしくしてしまった。

年をとってから田舎に行って暮らそうという人は多い。そんな人が決まっていうのは、「田舎は空気がきれいだから……」。でも、きれいな空気なんてすぐに馴《な》れてしまう。逆に地方から東京に来ても、汚い空気にすぐに馴れるのだから、同じことだ。

いままで都会でバリバリ働いていた人が、いきなり「活性」のない場所で、いままでとまったくちがう生活をはじめたところで、老後の楽しみにはつながらない。むしろ、知らない人との人間関係で疲れたり、地方の習慣になじめなかったりして、ストレスがたまり、身体には決してよくない。

「頭が重いのは、心身症のはじまりですよ。いっそ、福島を引き払って、東京に戻ってきたらどうですか」

私がそう提案して半年後、堀川さんはもう一度東京に戻り、マンション暮らしをはじめると、みるみる体調は元通りになった。

先の山野夫妻と同じように、空気がおいしいくらいで、老後を田舎で暮らすわけには、なかなかいかないのである。

それに何より、老後の健康に関して、都会の方がはるかに病院の数も多いし、設備もたくさん用意されている。都会にいれば、いざという時に救急車が飛んできて治る病気も、辺鄙《へんぴ》な山里に住んでいると、そうもいかない。

家の関係で、どうしても自分の故郷に帰らなければならないという人をのぞけば、なるべく都会に住んでいる人は、老後も都会で暮らしていた方がいいに決まっている。

年金をあてにするな！

知り合いの加藤さんは、55歳。あと10年で年金がもらえる年である。

行きつけの「わだ津」という日本料理の店で加藤さんは、こんな話をはじめた。

「先生、もうサラリーマン生活はこりごりです。上司には気をつかわないといけないし、部下もなかなか動いてくれません。早く、定年になって、年金で趣味三昧《ざんまい》の生活をしたいですね」

聞けば、加藤さんの趣味は陶芸で、好きな焼き物をしながら、のんびり暮らすのが彼の老後の夢だという。

そのために、会社の休みがあると、全国各地を回り、陶芸用のいい土を探しては、定年後に備えているというのである。

こんな人はかなり多いのではないだろうか。

陶芸の趣味はいい。問題なのは、「年金」をいまからずいぶんあてにしていることだ。私としては、高い掛け金をコツコツ払っても、果たして65歳になったら本当にもらえるのかという疑いの気持ちが強い。

だから、年金が出れば儲《もう》けもの。それより自分でいまから老後に遊ぶ金を準備しておく方が大切だと思っているので、そういうと、加藤さんは全面的に年金派。

「大丈夫ですよ、国がやってるんですから」

「10年後、もらう25万円はいまの価値とちがいますよ」

「いや、物価に合わせてスライドするさ。先生、国が保証してくれてるんですよ。ああ、早く来い来い、定年さん、ですよ」

なんとノー天気なことをいっていると思ったが、酒の席でこれ以上、相手を不快にさせることもない。一応、話題をゴルフに変えて、その場は終わった。

私には、今後来るであろう物価の上昇に伴って、もらえる年金の額もスライドして上がっていくとは到底思えない。しかも、65歳以上の人はこれからさらに増えて行くし、長生きの人も激増している。そうなれば、当然、どこかで規制が行われると思うのだ。

加藤さんには悪いが、年金だけで暮らそうという考えは、まず捨てた方がいい。陶芸などの趣味があるのはいいけれど、年金さえもらえれば、豊かな暮らしが待っている、と思い込むのは明らかな間違いだ。

定年後あれもやりたい、これもやりたいは、何もできない!

定年というのは、寂しい一面、自由になれるという解放感もあるようだ。

私のまわりにも、定年後、年金をもらって、趣味の陶芸をやりたいと思っている加藤さんと同じようなことをいっている人がいた。

病院に出入りしている銀行の江藤さんだ。一流大学を出て、つつがなく勤めあげ、重役にはなれなかったものの、真面目に働いてきた典型的な銀行マンである。

「働くのもいいけれど、もう年なんだから、そろそろ老後のことを考えた方がいいんじゃないですか」

と病院に定期預金の手続きで来たついでに、私がからかい気味にいうと、真面目《まじめ》

な顔をして、

「いや、先生、毎日忙しくて、それどころじゃないですよ。それに、なにもいま考えなくても、老後はたっぷりと時間がありますからね」

という。そうかなぁ……と思いつつ、話を続けた。

「江藤さんは定年になったら、たとえば何をやりたいんですか」

「私は字が下手《へた》ですけどね、いまはワープロという便利な機械があるから、それを使って自伝を作ってみたいですね。それに、大学時代、趣味だった8ミリ映画の制作もやりたいし、やりたいことはいろいろたくさんあるんですよ」

　とはいうものの、江藤さんは仕事は一生懸命するけれど、家庭のことは何もしないというタイプらしい。ついでにこんな話もしてくれた。

「先生、この間、女房と大喧嘩《おおげんか》をしましてね。私が『テレビでいい映画をやるからビデオの予約をしておいてくれ』っていったら、女房のヤツ、何ていったと思います？『ご自分でおやりになれば……』ですよ。頭に来ましたよ。自分でできるくらいなら、頼みませんよ、ねえ」

「ちょっと、待って、江藤さん」と私は思わず声をあげそうになった。ここにも盲点がある。なぜなら、ビデオの予約もできないようなメカ音痴の人が、いくら時間があるからといっても、ワープロだの、ビデオだの新しい機械を覚えられるわけがないからだ。

「江藤さん、年をとってから何か新しいことを覚えるっていうのは、大変ですよ」と忠告しておいたが、彼に通じたかどうか。

実際、老後にワープロをはじめようとして買ったのはいいが、うまく機械が作動せずイライラして、かえってストレスになったという人もたくさんいる。特に、「ワープロは頭を使い、手も使うのでボケない」と信じた人にそれが多かったようだ。

ここできっぱりといっておく。

定年後にあれもやりたい、これもやりたいと思っている人がいたら、まず何もできないと思っていい。もしやれる可能性があるとしたら、それは50代から続けていた趣味であって、老後、時間ができたからといって、新しいことに挑戦するのは、まずもって無理だと断言していいだろう。そのうえ、うまくできないストレスが身体に悪い影響を与える。

陶芸でも、楽器でも、パソコンでもいい。もし、あなたが定年後に何かやりたいことがあったとしたら、それはいまから、はじめておくべきである。

年とったら女房が面倒をみてくれるというのは、錯覚！

毎日仕事に追われ、深夜帰宅が続き、そこそこ会社でも出世をしたサラリーマンの藤田さん。しかし、典型的な仕事人間のため、家庭のことはあまりかえりみず、子供の教育もすべて妻まかせ。よくあるパターンだ。

藤田さんの心のなかには、邪心などひとつもなく、自分がこんなに一生懸命仕事をしているのも、すべて妻のため、子供のため、家庭のためと無邪気に信じている。

こうしたパターンは日本人に多い。私もある意味では、藤田さんの考えが間違っているとは思わない。そうしなければ生きていけなかったという部分もあると思うからである。家族もまた、そんな仕事人間のお父さんに文句をいわない。でも、それはいわないいんじゃなくて、どうせいったところで通じないと諦《あきら》めているということを、藤田さんは気がつかない。

だから、藤田さんは、奥さんが藤田さんの考えや行動を理解してくれていると思っている。これだけ働いたんだから、自分にもし何かがあったら、妻が何とかしてくれるだろうし、面倒をみてくれるだろうと信じている。これもまた盲点である。

この藤田さんのような人が病気になったりしたら、大変だ。妻が世話してくれるだろうと思っていたのが、「いままで好き勝手にしてきたんだから……」といわれ、元気な時よりかえって冷たい仕打ちを受ける人が多い。

藤田さんの場合は、まだ元気でいるが、老後はどうなるかまったくわからない。家庭のために働くより、もっとお父さんらしいことをしてほしいと家族は望んでいるのかもしれないのだから。

危ない。藤田さんだけではない。実に危ないお父さんがたくさんいる。

最後は妻が何とかしてくれるなどという妄想は、いまからでも遅くない、捨て去るべきである。そして、いまから夫婦の関係を修正し、「自分のことは自分でできる」ように、しておくことが肝心だ。

ここでも自立心が大切である。

妻がやがて定年を迎えるであろう夫に対して、望んでいることをついでに列挙しておくから、参考にしてほしい。

妻から夫への希望

●最低限、自分の身のまわりの世話は自分でやってほしい

後片付け／身繕《みづくろ》い／自分の持ち物の整理整頓・手入れ／飲物のサービス／靴

磨き／汚れ物を洗濯機まで持っていく／自分の朝食の支度／大掃除

●趣味を持ってほしい

趣味に関しては、夫婦で楽しめるものはふたりで楽しむ。が、お互い興味のないそれぞれの趣味に関しては干渉せず、ひとりで楽しむ時間も大切にしてあげる思いやりを持つ。

●おしゃれに関心を持ってほしい

おしゃれの第一は清潔感。お風呂やシャンプーが嫌いなのに、整髪料やコロンをつけるなんて最低！　洋服はなんでもかんでもゴルフウェアはやめてほしい。なるべくカラフルなジャケットやシャツを。

●月に1度はデートを

月に1回は映画、美術展、イベントプラス食事に。できれば行き先の情報収集も積極的に。さらにぜいたくをいえば、各季節ごとに国内旅行、年に1度は海外に。

●妻への評価をしてほしい

料理がおいしい時、ヘアスタイルや洋服が素敵な時、臆《おく》せずほめてほしい。逆にかなりダメな時でもソフトに注意をして。ただし、誰かと比較するのはまずい。

●基本的なマナーやエチケットを身につけてほしい

年を経るごとに、ジェントルマンになってほしい。食事の時に音をたてない。下品な冗談で大声で笑わない。

●健康管理に協力的になってほしい

食生活などで家族の健康管理をしている妻に感謝の気持ちがあるのなら、夫の健康を考えて、妻がいうことを素直に受け入れてほしい。（特に、医者嫌い）

なかなか痛いところをついていると思うが、こうした妻の要望をまったく無視していると、老後に妻から何もされなくなる恐れがあるのだ。

次に実際にあった、老後の夫と妻の具体的な関係の例をあげよう。

会社で出世した人ほど、奥さんの復讐が怖い！

これは友人が院長をしている病院の話だが、参考になるので紹介しよう。

その病院に、ある時、偶然、同じ商社を定年になった3人がかかり、ひとりは外来、ふたりが入院したそうだ。仮に入院したのがAさん、Bさん、2週間に1度通ってくるのがCさんとしておこう。会社時代の上下関係でいえば、Aさんは役員、Bさんは部長、そしてCさんは窓際族だったという。

Aさんは病院のなかでも、元役員だけあって、威張っている。BさんやCさんに対する態度はいかにも昔、そうであったのではないかと思われるほどである。

しかし、病院というところは不思議なところで、会社でどんなに偉くても、見舞いの人や世話をする人が少なければ、寂しい思いをしなければならない。

同じ入院患者でも、Aさんのところには誰も来ない。子供も来なければ、奥さんすら一度も来ない。ところがBさんの奥さんは、ほとんど毎日、介護にやってくる。Cさんにいたっては、もちろん元気なこともあるが、いつも奥さんと楽しそうに外来にやってきてはそのままふたりでデパートに買物に行くという。

同じ70代の夫婦で、なぜこんなに差が出るのか。

それは単純に、現役時代にいかに家庭を大事にしたかにかかっていると友人は笑う。

Aさんは経営陣の一角だったこともあり、若くしてエリートコースを歩いたこともあって、ほとんど家にも帰らなかったモーレツ人間。Bさんは逆に、真面目なサラリーマンで家庭も大事にした人。そして、Cさんは逆に、会社のことより家庭を大事にしたマイホーム人間。だから、その3人の出世度の差が元の役職には現れている。

しかし、同じ病院で過ごす「患者」として、いま誰が一番幸せだろうか。もちろん、毎日見舞いに来てくれるBさんも幸せだが、何より2週間に1度、薬をもらいにくるだけでいいCさんが健康度からいっても、奥さんとの関係も含めて、幸せだと思う。

おもしろいのは、Aさんは、しきりに家に電話をするらしいが、奥さんは電話口にすら出ないという。見舞いにも来ない、電話をしても出てくれない。きっと、このままでは危篤になっても、奥さんは病室に現れないかもしれないと病院長はいうが、これこそ夫への「妻の復讐《ふくしゅう》」でなくてなんであろうか。

私の病院でも、同じようなことがいえる。毎日のように70代の奥さんがやってきては、80代のご主人の食事の介護から、入れ歯の掃除、下《しも》の世話をひとつも嫌な顔をせずしている姿を見ると、この「患者」さんが、若い時からいかに奥さんを大事にしてきたかがよくわかる。

こういうお年寄りは、幸せである。

なぜなら、病院にいても、毎日、奥さんがやってくるのだから、家にいる時と同じような気持ちでいられる。

「おとうさん、おはよう。ちょっと遅くなって、ごめんね」

などというおばあちゃんの声に、ベッドに寝たきりのおじいちゃんのうれしそうな顔。こうした家にいるのと同じ精神的介護と、病院でなければできない医療的介護の両方を受けられるのだから、一番幸福な患者さんだといえよう。

逆に、誰も見舞いに来ない患者の場合には、病院からの治療を受けるだけで、精神的に充たされない思いが強いだろうし、逆に、病気が治っても、誰も面倒を見てくれないのではないかという不安によるストレスも、人より多く感じるにちがいない。

だから、そういうお年寄りは、ヘルパーや看護婦に当たりちらしたりする。そうなればどんなに心の広い看護婦やヘルパーだって、気分を害する。すると、プラスアルファの精神的介護の部分がまったくなくなってしまう可能性だってあるのである。

あなたが病気になった時、はたして奥さんは1週間に何日見舞いに来てくれるのだろうか。もし、不安だったら、いまからでも遅くない。先の「妻から夫への希望」をよく守って、奥さんを大事にしておくことが、いかに大切かおわかりだろうか。

家にいる夫に3食作るのが、妻の憂鬱

先の「妻から夫への希望」は、ほとんど夫の自立を促している。

ひとつひとつ見ていけば、よくわかることだが、夫の定年はしかたがない。しかし、リタイアした老後は、「せめて自分のことは自分でしてほしい」というわけだ。いってみれば、「老後の自立」を訴えているのだ。これは、実に正しい。第3章で詳しく書くが、「会社に行く時に着て行くシャツやスーツを、妻にまかせっぱなし」の夫は、将来間違いなくボケるからである。

掃除、洗濯まではしろとはいわないが、散らかしっぱなし、脱ぎっぱなしはやめてほしい。簡単なことだから、自分で出したゴミぐらいはゴミ箱に入れるとか、入浴した時に脱いだものは、洗濯機のなかに放り投げるだけでもいいからしてほしいといっているのだ。まあ、大した要望でもない。夫の自立を望む妻からの当然の要

求だろう。

　私からみれば、こんな誰でもできる簡単なこともできないような男は、奥さんに嫌われ、粗大ゴミ扱いされるのも無理はないと思う。

　医者の立場からいわせてもらうと、こういう夫は、病院に自分ひとりで来ることはほとんどない。だいたい、奥さん連れである。そして、初診の受け付けから奥さんにやってもらっている。名前を呼ぶと、診察室に一緒に入ってきて、症状を説明するのも奥さんという例もよくある。

「どこが痛いんです？」

「なんだか、この人、頭が痛いっていうんですよ」

「いつごろからですか？」

「いつごろからなの？　ほら、あなた」

「頭じゃないよ！」

「え、頭じゃないの、じゃ、どこが痛いのよ！」

「おなかだよ！」

「じゃ、自分でいいなさいよ！」

　なんて、私の前で喧嘩をしたりするのも、こういう妻まかせのタイプの夫である。

こうしたケースが実に多いのには、あきれはててしまう。

こういう夫は定年前にどんなに会社で偉くても、リタイアしてしまったら何にもならない。まさに、粗大ゴミだ。ただ家でゴロゴロされていたのでは、奥さんからみれば、邪魔でしかない。

こんな人は、現役時代から、「風呂《ふろ》！　めし！　寝る！」専門だから、夫婦の会話だって盛り上がらない。ましてのこと、自分で料理などするわけもない。「男子、厨房《ちゅうぼう》に入らず」なんて、どうしようもなく古い諺を実行している。ここにも盲点があった。

日本男児たるもの、台所に入ってはならん……といっていたのは、3世代も前の話で、台所も姑と嫁のテリトリーが分かれていたという時代の話。

リタイアした後、老夫婦ふたりきりの生活をしようというのに、この言葉はあわない。なぜなら、本音を聞けば夫の定年後の妻たちの憂鬱《ゆううつ》のタネのひとつが、「3食作ること」だからだ。

私のところによく遊びに来る近所のおばあちゃんも、来るたびにこうこぼす。

「先生、うちの亭主、入院させてくれませんかね」

「どうして？」

「だって、ずっと家にいるでしょ。3食作らなければならないから、ゆっくりデパートに出かけることもできないのよ。入院してくれれば助かるんだけど……」

とにかく、邪魔らしい。そのうち、早く死んでくれればと願うのも無理はない。

「じゃ、たとえばおじいちゃんが簡単な料理ができて、『昼飯は余り物で自分で作って食べるから、出かけていいよ』なんていったら、大事にするかい？」

「そりゃぁ……でも、無理無理。そんな男、いませんよ」

「え、僕はやるよ、料理。上手だよ」

「先生の奥さんは幸せだぁ……それに比べて、あたしの亭主ときたら……」

断っておくが、このご主人は東大を出たインテリで、現役時代は地域の自治行政に尽くした人だ。それが、ただ料理ができないだけで、こんなに迷惑がられている。それも、目玉焼き程度の料理なのに。

これからの時代は、定年後20年ぐらい夫婦は一緒にいることになるのだから、1週間に1回か2回は夫の手料理でとか、「チャーハン作るから昼飯はいいよ」などといえるようにならないと円満に暮らせないことはたしかのようだ。

男が料理なんて、という人がいるかもしれないが、料理は素材から完成まで、味を頭で想像しながら、手を使って作業するという、とてもクリエイティブな作業なのだ。

また、これは私の病院だけの話になるが、ボケたおばあちゃんたちに一度、それまでお得意だった料理を調査したことがある。

その時、わかったことは、圧倒的に「焼き魚」「煮っころがし」が多かった。つまり、あれがおいしかったから、自分で作ってみようなどという料理のレパートリーを広げる意欲のある人は、少なかった。まあ、それだけではないにしても、クリエイティブでなかった分、ボケたともいえるのではないかと思う。

つまり、男の料理というのは、定年後の夫婦関係を円滑にするだけでなく、ボケ防止にもつながるというわけだ。

私も、実際、料理が好きで、休みの日はほとんど台所に立っている。ステーキ、スパゲッティ、チャーハン、ロースト・ビーフ、カレー、春巻からシュウマイまで私のレパートリーは広い。

実際にやってみるとわかるが、料理というものは実に楽しい。材料を選ぶことからはじまって、料理の味つけから、どんな盛りつけをするかまですべて、私なりの工夫をこらすことができるからである。

それに、料理を作ると、人を呼びたくなるというメリットもある。わいわいがやがや、人が集まってきては、私の料理を食べてくれる楽しみをぜひ味わってほしいと思う。

誕生日、クリスマス、花火大会など、いろんなイベントに多くの人がわが家に集まってくるが、料理担当はみんな私である。その夜のために、下ごしらえを前からあれこれ考え、何時間も台所にいる。

まあ、ここまでしなくてもいい。でも、料理を自分でやろうとする意欲さえあれば、料理を作る楽しみも増え、奥さんも安心して、外に出かけられる。

あなたの老後計画のひとつに、ぜひ、得意料理を作るということを加えてほしい。

「ワシ族」の末路は悲惨！

定年後の妻が困るのは、夫が家にいるから、思うように出かけられないことだ。

それまで、友だちと一緒にホテルの安くて豪華なランチを食べに出かけたり、カルチャー・センターやエステ・サロンに通ったりしていたのに、夫が定年になった翌日から、もうそうした計画もすべて立てられず、完全に自由を束縛されてしまう。

そうなると、こんな生活が夫が死ぬまで続くのかと思えば思うほど、イライラがはじまってしまう。

「ワシ族」というのをご存知だろうか。

私の知り合いにひとりいる。

知人の石井さんは、印刷会社を定年になったとたん、ずっと家にいるようになった。趣味もなく、会社人間のため、地域にも知り合いがいない。特に彼は、昔気質《かたぎ》の人で、「女はみだりに外に出歩くものじゃない」という考え方の持主だったから、奥さんは大変だ。ちょっと家を出ようとすると、「どこに行くんだ」とうるさい。「買物よ」などというと、必ず石井さん、「ワシも行く」といってついてくる。定年になって毎日が日曜日だから、石井さんは暇で暇でしかたがない。でも、奥さんからみると、これがまたうっとうしい。最初はなるべくやさしくいうようにしていたが、そのうち、どこに行くにも、「ワシも」「ワシも」だから、面倒くさくなってきた。

そこで、ある日、友だちに誘われたので、夫に黙って家を出たら、あとが大変だった。「どこに行ってたんだ」からはじまって、「ワシも行こうと思っていたのに」から結局は「女は家にいるものだ」になってしまった。

これが「ワシ族」の典型である。

少し前までは、奥さんの後をついて歩くので「濡《ぬ》れ落葉」などといわれていたのも、同じ例だが、こんな「ワシ族」の老後は悲惨きわまりない。

なぜ、もっと自分ひとりで出かけようとしないのか、ある時、石井さんに聞いてみた。すると、答えはこうだった。

「先生、出かけたいとは思うんですけどね、別に行きたいところもありませんしね、ゴミゴミした所に出かけるのも疲れるじゃないですか？　でも、家にいてもつまらないから、かみさんが買物に行く時についていくんですよ」

これは、完全に将来、ボケがはじまる。それに、「女は家にいるものだ」などといっているから、奥さんにもストレスがたまる。ふたりとも、老後の黄色い信号が点滅していることに気がついていない。大きな盲点である。

外に出るということは、それだけまわりを意識するし、姿形にも気を使い、話題も探したりと、頭を使うことが多いから、家にいるよりよっぽどいい。

「ワシ族」も奥さんに嫌われなければいいが、なるべく自分の意思で行動するように心がけないとボケるぞ、と石井さんを脅かしておいた。

義理を欠くのが老人の特権

元ＮＨＫのアナウンサー志村正順さんは、とうに80歳を超えている。その昔、故小西得郎さんとのコンビの、野球の実況中継で人気だった志村さん、いまは実に悠々自適の生活を送っている。

若々しいカラーシャツに白いスラックス、それにおしゃれな帽子をかぶって、時々、私の病院に現れる。聞けば、ゴルフもやるし、ボーリングもやるという。しかも、私の忠告を守り、夏と冬はゴルフをやらない。

コレステロールがやや多いので、食事も油ものは控えているという、模範的な患者さんでもある。

趣味はゴルフ以外は、社交ダンス。おしゃれで長身の志村さんは、おばあちゃんの人気者で、次々と踊ってほしいという女性が並んで待っているというのだから、素敵な老後を過ごしている。

その志村さんが、一番に守っているのが、「義理を欠くこと」。

志村さんほどの有名人になると、付き合いも多い。相撲協会の理事長まで務めた元横綱のパーティもあれば、オリンピック選手だったスポーツマンの結婚式もある。でも、よほどのことがないかぎり、志村さんはそうした催しには欠席させてもらっているそうだ。

志村さんにかぎらないが、年をとったら義理のために、自分の時間を取られることはない。いろいろなパーティや行事に参加するのは、それだけ付き合いが広いということなのだが、それも参加するなら、なるべく「楽しい義理」だけにした方がいいだろう。

先日もこんなことがあった。

会社の元取締役が亡くなったのを聞いた元部下が、定年になってもう関係がないのにもかかわらず、葬式に出かけていった。

ところが、もともとその人は心臓が悪かったのだが、寒さと緊張のためか、その葬式の受付でバッタリと倒れてしまったのだ。

びっくりしたのは、列席者たちだ。あわてて救急車を呼んだが、心不全で帰らぬ人となってしまった。まだ61歳の若さだった。

その話を志村さんにすると、志村さんはこういった。

「先生、そういうことってあるんですよ。だからね、私はなるべく葬式には出ないようにしているんですよ。特に暑い時や寒い時に、ずっと立っていてごらんなさいよ。疲れるでしょう。この間も、弟が死にましたけど、私は葬式にも行かなかったくらいですから」

志村さんは自分の体調も大事だけれど、その場で何かあったら、他の人にもっと迷惑がかかるというのだ。葬式に無理して出て、かえって迷惑をかけるようなら、行かないで家で冥福《めいふく》を祈っていればいいというのだ。

私がいいたいのは、まさにその通り。

年をとってからは律儀《りちぎ》な人よりも義理を欠く人の方が、偉いと思う。特に、日本には、知人の父上とか顔も見たことのない人の葬式にも出なければいけないなんていう変なしきたりがあるようだ。

老後の計画として、高齢になったら徹底して、義理を欠く必要性をいまから知っておこう。

その意味では、生前葬というのも、なかなかよく考えられた葬儀かもしれない。

子供がいないから老人ホームへ行く、本当にそれでいいのか?

子供のいない折原さん夫婦。

それまで子供の教育費がかからない分、お金が残り、70歳まで奥さんとふたりでここまで何とかやってきた。

しかし、そろそろ年をとって来たのと、身体の弱い奥さんのことを考えて、夫婦で入れる有料老人ホームを探しはじめた。

家を売ってしまうのと、それまでの貯金をほとんどはたいてしまうので、私をはじめ、まわりの人たちが心配したが、折原さんはまったく心配していない。

「だって、夫婦で6000万円も払うんだよ。そのかわり、一生、面倒みてくれるんだから、大丈夫に決まってるよ。ハンパじゃないんだよ」

たしかに、そういわれればそうかもしれないと考えたくなるが……。

折原さんにかぎらず、6000万の大金を一挙に払うのだから、死ぬまでいたれりつくせりなんだろう。面倒みてくれないわけがない。

そうして、折原さんは、パンフレットを集め、そのなかで病院と提携し、いざという時に入院も可能だという介護付き老人ホームを選んだ。

実際に見学をしてみると、ロビーには豪華なシャンデリア、床はフカフカの絨毯《じゅうたん》建物はスペイン風の宮殿のようだ。それだけで、もう、折原さん夫妻は感激してしまった。

しかも、案内してくれる女性の品のいいこと。看護大学を出ているというだけあって、福祉にも大変に理解がありそうだった。

折原夫妻は、全財産に近い金を払い、その有料老人ホームに入居を決めた。

「妻も庭を散歩できるようになりました。私も老後をのんびりと楽しみながら、この老人ホームで一生を送るつもりです。ビリヤードが上手になりましたよ」

私に届いた葉書だ。

さぞかし、楽しい老後生活を送っていると信じていた。

ところが、折原さんの話によると、その後の生活は悲惨だったようだ。

ある夜中に奥さんに持病の発作が出たそうだ。

何とかしてくれと職員に言っても「それはできません」。それなら提携先の病院に入院させてくれといったら、その病院は20キロも離れたところにあるという。

しまいには、職員に文句をいわれたという。

「老人ホームは1軒の家と同じですよ。あなた、24時間お医者さんや看護婦さんが待機している家なんて、聞いたことがありますか」

要介護の状況になった時、折原さんが高いお金を払って入った老人ホームには、意味がなかったのである。

老人ホームに入る時はいかに注意することが必要か、折原さんの例でわかった。提携病院が書かれているからといって、あてにしてはダメ。本当に24時間いつでも入院させてくれるのか、求めた時に近くに看護婦が常にいるのか、呼んだ時に医者はすぐに駆けつけてくれるのか、絶対に前もってよく調べておく必要がある。

調べれば調べるほど、残念ながらそういう老人ホームは少ないのが現実なのだ。

折原さんの奥さんは結局、東京の病院に入院し、1年後に亡くなり、ご主人の方もいまは別の病院に入院してしまった。もちろん、有料老人ホームに払ったお金は1年間住んだだけで、一時入居金の2割、つまり1200万円も差し引かれ、月々の費用を加えると、月100万円以上払ったことになる。そういう契約になっていたからである。

折原さんには悪いが、高いお金を払ったから、いろんなことをしてくれると思ってはいけないという典型的な例だった。まさに大盲点であった。

長患いは嫌だ、ポックリ死にたい……後が大変！

よく、年をとったら「ポックリ死にたい」などという人がいる。

実際、ポックリ寺などという寺も繁盛しているという。たしかに、何年も長患いして、家族に面倒をかけて死ぬのに比べたら、ある日、目が覚めたら死んでいたというのが一見理想のように思えるが、実はそれはそれで、あとで大変面倒なことになるのだということを、とりあえず知っておいてほしい。

これは実際にあった例だ。

私の友人のお父さんが、ある朝、なかなか起きてこないので、奥さんが起こしに行ったところ、布団のなかで冷たくなっていた。急性心不全らしい。

あわてて、家族が救急車を呼ぶ。救急車が到着したが、救急隊の人が「運べません」という。なぜなら、救急隊は死んだ人を動かしてはいけない規則になっているのだ。

「ちょっと電話を貸してください」

救急隊はそういうと、本部にすでに死亡している旨を連絡。しばらくして、近所の町医者がやってきた。

その医師によって、「心臓の停止、呼吸の停止、瞳孔《どうこう》反射の喪失」が確認され、お父さんは正式に死亡ということになった。家族は泣き崩れるように亡骸《なきがら》にすがったが、ここから実は問題が複雑になる。

なぜなら、その時に、その場で医師が死亡診断書を書いてくれれば、問題はない。その診断書をもとに、火葬の手続きがとられ、通夜、葬式と進むわけだが、その医師は死んだその人と面識もないし、かつて一度も診察したこともない、いったい何が原因で死亡したのか、まったくわからないから、死亡診断書を書けないのである。

前もって、どこかの病院にかかっていればいいかというと、そうでもない。

死亡診断書が書けるのは、その亡くなった人を24時間以内に診察した医師。そこまで厳密でないにしても、ふだんからかかりつけで、健康状態を把握している医師なら、

「もともと心臓はよくないから、おととい診察した時は何でもなかったけれど、きっと急激な寒さで死んだのだろう」

などということがわかるから、書ける。ところが、このお父さんの場合は、ふだんから元気だったため、かかりつけの医師などもいなかったうえに、死亡を確認し

たのが遺体になってはじめて会った医師だったから、死亡診断書を書くことができなかった。

実際、法律上、書くことができないのである。


そうなると、どうなるか。

救急隊員は、今度は警察に連絡をとる。

そして、警察による司法解剖《かいぼう》が行われるのである。もしかしたら、家族の誰かによって殺されたのではないかという疑いすら、そこには生まれてくる。つまり「変死」である。やがて、解剖をして、原因がわかれば、もう一度解剖されたところが縫いつけられて、家に戻ってくる。

そして、「死体検案書」ということになって、死が確認され、書類が提出されるのである。ちなみに、死亡診断書と死体検案書は同じ用紙で、上に書かれているふたつの名称のうち、必要のないものを消せば、それでいいようになっている。

病院で死ぬのは嫌だ。畳の上で、ポックリ死にたい、と思っている人はたくさんいるだろうが、残された家族に妙な疑いがかからないともかぎらない。ポックリ死んだからよかったと思われるが、実は、そのあと、あらぬ解剖をされるのだから、決して本人が望むような安らかな死ではない。大盲点と言わざるをえない。

現在のように、往診というシステムが少なくなってしまい、かかりつけの医師というのが少なくなってくると、本当の意味での「畳の上で死ぬこと」が安らかな死とはいかないのだ。

ポックリ死ぬのも、大変なことなのだ。

金を持った人が幸せだったか、社会的成功者が幸せだったか

私の知り合いで、Ａさんという元社長がいた。

この人は、戦争に行って、片腕は失ったが、命からがら復員した。その後、必死で会社を興し、50代で社長になった。この人の口癖はこうだった。

「わしはな、先生、いつ死んでもいいと思っとるんだ。戦争でな、片腕をぶっ飛ばされた時、もうあかん、俺は死んだと思った。それがこうして生きて帰ってきた。戦友たちに申し訳ない。生き残ってすまん。そういうつもりで、命を投げ出して、ここまで働いてきよったんだよ。だから、何も怖いものはない」

ところが、そんな不死身のＡさんも、ある時、かかりつけの医者からついにドク

ター・ストップがかかった。

「このままいけば、間違いなくあなたは死にます」

医者にそういわれた時、さすがのAさんも迷ったという。

「仕事をとるか、自分の健康をとるか」というお決まりの決断を迫られたのである。

Aさんは考えた。相当悩んだという。まだ50代、せっかく事業もうまくいき、さあこれからだという時だった。だが、病気には勝てない。

Aさんは、自分の健康をとった。そして、自分が一代で築きあげた会社を人に譲り、リタイアした。

それから20年、いままで働いてきた金と会社の株を売った金で、ハワイに別荘を買い、冬はハワイで、夏は軽井沢で過ごすという悠々自適の生活に入った。

不思議なことに、いつ死ぬか、いつ病気が出るかと心配したが、結局、いまのいままで一度も発病することはなかった。

「先生、俺を診《み》てくれた医者は藪《やぶ》医者だったんじゃないか。あれから病気ひとつ出やしなかったもの」

といっていたが、顔は笑っていた。実際、うちで検査をしてみたら、その持病は影も形もなくなって、完治していた。

しかし、それはその医者の診断が間違っていたのではなかった。あの時に、もし仕事を続けていたら、必ず倒れていたと、Aさんは確信したのである。

酒を飲む時に、「ああ、楽しいな」と飲むのと、「ちきしょう、悔しい」といって飲むのでは同じ量でもまったくちがう。仕事をきっぱりやめたことで、ストレスから解放され先のことをまったく心配せずに、のんびりと生きてこられたことが、病気まで治してしまったのである。

22歳から働いたとして、30年――。会社をリタイアした50代からの30年をどう生きるか。この大切さを、Aさんは教えてくれたような気がする。

あなたもきっとそうだろうが、自分の仕事に関係する人生の30年は、きっと真剣に考えたにちがいない。ところが、残りの30年については、あまり真剣に考えていないのではないか。勤め終えた会社に使った30年のことは、もう考えなくていい。その後の30年をいまから考えよう。

私の病院にも、たくさんの元ビジネスマン戦士がいる。

寝たきりになってしまっている元ビジネスマンたちに聞くと、誰もが一様に「老後のことなんかまったく考えなかった」あるいは「考えた時はすでに遅かった」といっている。

金を持った人が幸せだったか。

社会的に成功した人が幸せだったか。

長い人生を振り返ってみると、40代から50代の価値観では、金を稼ぎ、社会的名誉を手に入れた人が「成功者」だと思われた。

しかし、70歳を過ぎてみると、必ずしも東大の元教授が、大蔵省の元高級官僚が「成功者」であるとはかぎらない。むしろ、元気で、おしゃれで、家庭的にも孫に囲まれ、夫婦いつまでも健康で仲良く、外国旅行を楽しんでいる人たちの方が、はるかに人生の「成功者」だといえる。

つまり、自分にとっての人生の成功とは何か、何をもって老後の幸せというのか、その価値観の問題を十分に考えていなければならない時に来ているのだ。

政治家、実業家、官僚たちが、収賄、背任などで次々と逮捕されている。

晩節を汚すということは、その人にとって、まさに何のために頑張ってきたのかという疑問にもつながる。

彼らは、人生の成功の価値を、最後の最後で失ったような気がしてならない。

私の病院には、そういう意味で、たくさんの元成功者がいる。しかし、いま、彼らは決して幸せではない。

奥さんが一度も現れない元大学教授もいる。家族から「死んだらそっちで適当に」などと馬鹿なことをいわれてしまう元大実業家もいる。

彼らは、事業でも、会社でも、学歴でも、財産でも、成功者であるかもしれない。だが、こと自分の人生という一点だけを考えると、決して幸せではなかったにちがいない。

貧しいけれど、名もないけれど、家族に囲まれ、みんなの号泣のなか、惜しまれて亡くなったおじいちゃんやおばあちゃんたちの方が、どれだけ幸せな人生だったか、私は病院の日常のなかで、痛切に知ったのである。

元気で、長生きをする――。

やり残したことがないほど、楽しい人生を送る――。

そして、人に迷惑をできるだけかけないで、静かに息をひきとる――。

そのためには、まず健康でなければならない。

次に、「健康の守り方」について、項を進めよう。

第2章　21世紀の健康の守り方

「身体の自立」があってこそ、「精神の自立」が支えられる

――日常生活の必須条件

前章で、「老人の自立」がいかに老後にとって大切かを述べた。

年をとったからといって、子供に家督を渡してしまったことによる悲劇――そこからはじまる数々のエピソードは、いかに、いままでの考え方では21世紀の老後を生き抜けないかを表している。

はっきりいってしまえば、金はあった方がいいが、使い方次第。使わないで、ただ貯めておくだけでは、何のために働いてきたのかわからない。金は決して裏切らないから、老後のために使えということだし、子供はどんなにたくさんいても、まったくあてにならない盲点だらけということがわかったと思う。

さらには、老後、好きなことでもやりながら、悠々自適に暮らそうとしたところで、その「やろうとしていること」が好きでなければ続かないし、新しいことをはじめたところで、ストレスがたまるだけだということも書いた。

しかし、人に頼ることもなく、精神的に自立し、どんなに老後を楽しく暮らそう

としても、身体が健康でなくては話にならない。それこそ、正しい老後計画すら立たなくなってしまう。

いってみれば、「身体の自立」があってこそ、「精神の自立」がついてくるというものだ。「身体の自立」即ち、自分で自分の健康を守ることこそ、まず第一に考えなければならないことなのである。

日本人の死亡率の第１位はガンである。調べてみると、ほぼ３人にひとりはガンで死んでいる。そんなにたくさんの人が死んでいるのにかかわらず、ガンに対する正しい知識を持っている人は少ない。

ガンとはいったい何なのか。どうしてガンにかかるのか。ガンは遺伝するのか。ガンにならないための食べ物はあるのか……など、知っておいてほしいことはたくさんある。

また、長生きをするためには、どんなものを食べたらいいのか、食事の量や回数は……など食生活からも、健康を守る知恵を集めてみた。

巷にはやる「危ない健康法」

——医者が教える長寿の秘訣

健康法でよく間違うのは、運動である。

町でジョギングを一生懸命している中年の人を見ると、私は走っていって前に立ちふさがり、いますぐにでもやめさせたい衝動にかられる。

走っていれば健康になれるというのは、中年以降の人たちにとっては、まったくの迷信で、むしろ、命を縮めている自殺行為だといっても過言ではない。

それにしても、誰がいったのか知らないが、「危ない健康法」がいかに巷《ちまた》に流布されているか、ジョギングひとつをみてもよくわかる。

歯を食いしばり、汗をひたすら流し、雨の日も風の日も真剣な眼差《まなざ》しで走る人と、秋晴れのすがすがしい朝に、のんびりと散歩をしながら、風に揺れるコスモスの花をながめている人と、どちらが健康によいか、わかりそうなものだが、そうでもないらしい。

また、現代社会を生きる多くの人たちを苦しめているストレスの正体や、ストレスの正しい発散法なども意外に知られていない。

さらには、いざ、病気になった時の準備として、医者の選び方も重要である。ホームドクターをできるだけ持つようにと指導されたところで、医者の選び方を間違えると、治る病気も治らないどころか、死を早める結果にもなりかねない。

薬だって、ただ飲んでいればいいという問題ではない。

極端なことをいえば、薬を飲んだがために、副作用で身体をこわすことだってないことはないのである。ここにもいろいろな盲点がある。

21世紀を生きるためには、自分の身体は自分で守るという覚悟と正しい知識に裏付けされた自信が必要なのだ。

それがあってこそ、「精神の自立」も支えられるというものである。

老後を楽しく生きるための「健康の守り方」に関しては、食べ物、運動、日常生活、ストレス、そして多少の知恵が必須条件だと思われるので、この章では、そうした角度からこの21世紀に元気な老人でいられるために、いまから気をつけておかなければならないことを、いくつかの知恵をあげておくので、ぜひ、参考にしてもらいたい。

日本人の2.5人にひとりは、ガンにかかり、3人にひとりが、ガンで死ぬ

ガンというのは、最早そんなに珍しい病気でも何でもない。

「え、あの方、亡くなったの？　なんで？」

「ガンだった」

「ああ、ガンなの。だったらしょうがないわね」

そんな会話は、いまやどこでも聞かれる。

脳卒中、心臓病とともに日本人の三大死因といわれていたと思ったら、いつの間にか、ガンは日本人の死亡原因の第1位。統計的にいえば、日本人の2.5人にひとりはガンにかかり、3人にひとりはガンで死ぬ——。

あなたの高校時代のクラスメイトが50人いたとすれば、20人がガンにかかり、15人がガンで死ぬということなのだから、なんともポピュラーな病気なのだ。ちなみに、ガンになった20人のうち、5人はガンにはかかっていたものの、ガンではなく、他の病気で死んだということを表している。

あっという間に、死亡原因の第1位になってしまったガン。

しかも、2.5人にひとりがかかるガン。いまの医学では、ガンにかかったらもう治らないと思いがちだが、必ずしもそうではないことをまず知っていてほしいために、わざわざ20人のうちの5人の例を取り上げたのだ。

ガンを私なりに大別すると、同じガンでも、「治りやすいガン」「見つけにくいガン」それに結果として「ほぼ命を失うガン」がある。

だから、ひと口に「私のお父さん、ガンなのよ」といっても、先の会話の例ではないが「だったらもうしょうがないわね」とはいえない。つまり、ガンはただガンといっただけでは、万人にあてはまらないのである。

胃ガンのように助かるガンもあれば、膵臓《すいぞう》ガンのようにかかったら最後、なかなか助からないガン、それに肺ガンのように、検査ですらなかなかわからないようなガンまで、実にさまざまだからである。

では、そもそもガンとは何なのか。少しここにまとめておく。

人間の細胞は、ふだんから分裂を繰り返している。

ひとつの細胞が分裂をするには、一定の法則があるのだが、それがある時、突然変異を起こして、ちがう分裂を起こした場合に、新しい形の細胞が作られる。これがガン細胞と呼ばれるものである。しかも、それは早い速度で増殖する。

人間の身体は、毎日間違いを起こしているから、ひとつぐらい細胞分裂を間違えたところで何でもないのだが、それがある一定以上増えると、人体のなかの臓器の働きが狂ってしまう。

その分裂を増やすものをプロモーターという。これが間違えた分裂をさらに促進する。

よく発ガン性物質などというが、それがこのプロモーターである。もちろん、薬品もストレスも、紫外線もそんなプロモーターのひとつである。

わかりやすく、会社の例で説明しよう。

1万人の社員がいる会社があるとしよう。そこに、会社に対して不満を抱いている社員がひとりいたとする。しかし、そんな不満分子がひとりぐらいでは、会社はビクともしない。ところが、他にも別の意味で不満を持っている社員のグループがいくつかあったとすると、その個人とグループをくっつけることによって、反体制の組織のようなものが作られる。この組織がプロモーターである。

それが職場のガンになるわけである。放っておくと、どんどんこのグループは増殖し、やがて、会社のなかで成長をする。

しかし、この反体制のグループは、会社本体があればこそ、不満分子でいられるのである。給料ももらえ、それでいてストライキもできる。このグループがあまりにも勢力を持ってしまうと、会社が潰《つぶ》れてしまう。

ガンも同じである。肉体の栄養素を食べながら繁殖しているのだから、あまりに増殖しすぎると、身体自体が死んでしまう。そうなれば、ガン細胞そのものも、死んでしまうのだ。よく老人のガンは放っておいても、あまり転移もしないから、手術などしない方がいいというのは、老人に巣くったガンは、老人の肉体とともに共存しているからだといえるのである。

なぜ、日本人に胃ガンが多いのか

次に具体的にガンの種類をあげながら、その特徴を記しておく。

まずガンのなかでも、ポピュラーな胃ガンから話をはじめよう。

世界的にみると、この日本が胃ガンの発生率が目立って高い。アメリカやフランスといった国よりも、南米のチリや北欧のフィンランドなどの方が胃ガンが多いのだが、何といっても日本が圧倒的である。

いったい、なぜ、この日本に多く発生するのだろうか。

これには、調べてみると、いくつかの理由があることがわかった。

ひとつには、日本人は他の民族に比較して、塩分を多量に摂取していること。それに焼いたものをたくさん食べることである。

タンパク質は焼けると、タール分が増える。このタールが胃ガンの源をつくっているのではないかという説もあり、私などはまんざらウソではないと思っている。

ところが、こと最近の割合を見ると、日本人のガンのなかで胃ガンの数はそれほど増えてはいないのに比べて、それまで少なかった大腸ガンや肺ガン、それに乳ガンが増えてきている。

その理由は、いわゆる「食生活の変化」である。

日本人の食生活は大変短い間に大きな変化をもたらした。敗戦から50年の間に、実に脂肪の多い食べ物を食べるようになったのである。

町にはステーキ屋をはじめ、牛丼屋、とんかつ屋、イタリア料理店など、それこそ以前には考えられなかったほどの脂っこい料理を食べさせる店が激増し、それまで食べていた塩辛いものをあまり食べなくなった。

そのために、同じ内臓でも傷める箇所が変わってきたのである。

脂肪は逆に大腸に大変な負担をかけることになったが、その分、胃はそれほどの負担を感じなくてもよくなったのである。

さらには、胃ガンに関しては、レントゲンと内視鏡で発見する技術が、日本で最高に発達したことがあげられる。だから胃ガンは数の上ではまだかなり多いが、検査しやすく、見つけやすい部類に入るガンで、早期に発見すれば、死亡することはほとんどないといえよう。

毎年、バリウムや胃カメラを飲んで、きちんと消化器医が診《み》ていれば、胃ガンで死ぬことはほとんどないといっていいかもしれない。

これからは肺ガンが怖い！

いま、中年の人が「肺ガン」で次々と死んでいる。

肺ガンの特徴は、わりと若い人にも多いということである。もちろん、他から肺に転移した人も多いのだろうが、肺ガンはなぜこんなに増えたのだろうか。現在では、全体の死亡数では胃ガンを抜き第1位である。

なぜ、肺ガンによる死亡率が高いのかというと、肺ガンほど発見するのがむずかしいガンはなく、また発見した時にはすでに手遅れという、医学的にみても、大変に困ったガンだからなのである。

肺ガンで悲しい思い出がある。

私の友人のマスコミ関係者が、肺ガンで亡くなった。その葬儀の席で、奥さんからこんなことをいわれた。

「先生、彼は以前、先生にいわれたように、真面目に半年に1回ずつ、胸のレントゲンを撮ってました。それでも、肺ガンにかかるのでしょうか」

ハンカチで涙をおさえながら、奥さんにそういわれた時は何と答えていいか戸惑った。だが、「それでもかかります」としかいいようがなかった。

そうなのだ。彼のように毎年人間ドックを受けて、そのたびに肺のレントゲン写真を撮って、異常の有無を調べていても、決して安心はできない。なぜなら、肺ガンには大別すると2種類あって、ひとつは「肺野型」といわれるガンで、これは比較的発見しやすいのだが、もうひとつの「肺門部型」といわれるガンは、レントゲンを撮っても、発見がむずかしいのである。

だから彼の場合のように、あなたがいままでにレントゲン検査で異常がないというのなら、それは、「肺野型」の肺ガンにはなっていないということで、「肺門部型」のガンに冒されていないと言い切ることはできないのである。

肺ガンの恐ろしさはこれだけではない。

肺ガンと診断されて以後、5年以上生存している人は、2〜3割そこそこである。この数字の低さは、他のガンとは比較ができない。

先の彼も「肺ガン」とわかってから、2年で亡くなった。

肺ガンと煙草《たばこ》の関係はどうだろう。これは、どう考えてみても、煙草がいいわけがない。

1日に吸う煙草の量が多い人ほど、肺ガンになる可能性が間違いなく大きい。煙草を吸う人と吸わない人とでは、吸う人の方が明らかに肺ガンになりやすいということは証明済みで、反論のしようもない。

肺ガンには大きく分けて4種類あるが、そのうちの3種類は、煙草を吸わない人はほとんどならないガンである。逆にいえば、煙草を吸わない人でもひとつはガンにかかる可能性はあるということだが、喫煙者は4種類すべての肺ガンにかかる可能性があるのである。

セキが出る。痰《たん》の量が増えた。痰に血がまじる。胸に痛みが走る――。これが肺ガンの初期の症状である。

もし、疑うべき症状が出たら、すぐに精密検査をした方がいい。肺ガンにかかったら、「21世紀の老い方」どころではないのだから。

母が乳ガンなら、娘も乳ガン！

ガンのなかに、ひとつだけ遺伝的要素を持ったガンがある。

それは乳ガンである。

たとえば、おばあちゃんも、おかあさんも乳ガンの家系があったとすると、その娘が乳ガンになるという実例はかなりの数にのぼる。

乳ガンを起こすと考えられるウイルスが、女性の間で受け継がれていくという説さえあるほどだ。

「えっ、乳ガンがウイルスのせい？」

こんなことをいうと驚く人がいるかもしれないが、これは動物実験で完全に立証されているのだから、しかたがない。

乳ガンを持ったネズミの母親から生まれた子供には、乳ガンが多発する。さらに、健康なネズミの子供に、乳ガンを持ったネズミの母乳を与えると、そのネズミも乳ガンが発生しやすいということがわかっている。

逆に、乳ガンの母ネズミから生まれた子供を、健康な母親と一緒に育てると乳ガンになる発生率は少なくなることもわかっている。

つまり、授乳により、ウイルスが子供の体内に入っていくことが仮定できるというわけである。

この仮定に基づいて、いま考えられているのが、乳ガンの多い家系に生まれた女性が子供を産んだ場合、授乳しない方がいいのではないかという説である。

本来、母乳は子育てにはいいとされていた。だが、母乳が乳ガンのウイルスを持っていた場合には、絶対に母乳はいけないのではないかというのである。

私も個人的には、その意見に賛成である。

では、実際にそういう家系に生まれた人は、どうしたらいいのだろうか。

年に1度は、必ず乳ガンの検査を受けることをおすすめしたい。

検査には、触診法や視診法など、身体の上から見たり触ったりする方法と、乳房撮影（マンモグラフィー）や乳房エコー（超音波検査）などの方法があげられる。

少なくとも、その危険性がある人は、触診法や視診法だけで絶対に終わらせてはいけない。必ず、乳房撮影やエコーの検査を受けるべきだ。

いまや乳ガンは乳房を切り取らなくても手術できる。だから、心配しないで、定期的な検査を行うべきである。

ガンになりやすい食べ物はあるか

ガンの原因にはいろいろあるが、そのなかで、一番流布しているのは、「これを食べるとガンになりやすい」という「噂《うわさ》」だ。

たとえば、焦げたもの、なんかがそうだ。先の胃ガンの項目でも、日本人は焼いたものを多く食べるのが、胃ガンが多く発生する国といわれる原因だと書いた。

たしかに、タールは身体によくない。実際、ウサギの耳にタールをつけた実験では、ほとんどの耳にガンが発生した。

「私ね、焦げたものって、絶対食べないようにしてるの。ごはんのおこげなんか、ダメ。おいしいからって食べちゃや。絶対ガンになるから」

などと、話しているOLがいた。

タールに発ガン性があるからといって、絶対におこげを食べないというのは、ちょっと警戒しすぎだと思う。それを食べたら必ずガンになる、ということはない。

いまの段階では何でもまんべんなく食べていれば、食物によってガンになることはないだろう。

もし、ガンが怖いから、どんな食事をとればガンにならないかと聞かれたら、ガンに関して、食事の面だけをとっていえば、四季おりおりのものを食べていればいいというしかない。特に何を食べればいいということはないと思って間違いない。

マスコミの好きな「ガンにならない食べ物」、「ボケにならない食べ物」などというものは存在しない。

普通の日本人の食卓のように、野菜の煮物やら魚やら、海苔やらごはんやらをごく普通に食べていればいい。脂肪も少なく、バラエティにとんでいる。ここはひとつ国立がんセンターのいう「健康を維持するには1日30品目を目標にとっていれば、ガンになりにくい」ということを信じてみよう。

また、カップラーメンばかり食べているとガンになる――ということもよくいわれる。

どれも同じようなものばかりで、しかもあのなかには防腐剤が入っている。それから油であげてあるために過酸化脂肪が入っている。脂肪が酸化すると、身体に悪い。粘膜が傷つく。そういう意味では、ポテトチップスやスナック類はもっと悪い。

とにかく、ごく普通の家庭料理さえ食べていれば、食事からガンになることはないということを知っていてほしい。

ガンは遺伝するのか、しないのか

「うちはガンの家系だから、きっと私もガンで死ぬのよ」

そういって、寂しそうに笑う人が私のまわりにも時々いる。

日本人の死亡率で、一番多いガン。本当に遺伝的なものがあるのだろうか。

ある種のガン、たとえば乳ガンは遺伝することが動物実験でわかっている。

乳ガンの母親から出た乳を、乳ガンがもともとない系列のネズミの子に吸わせると、その子ネズミが乳ガンになる。それがかなりの確率である。それは母乳を通して、乳ガンの発ガン因子が伝わるためだということは、先にも書いた。

では、肺ガンはどうか、胃ガンはどうかということになると、まだはっきり遺伝するということはいえない。遺伝というのは、メンデルの法則のように、ある法則に則《のっと》って確実に子孫に伝わることをいうのであるから、ガンに関してはそういうことはいえない。

親が肺ガンだからといって、子供の4人のうち3人がガンになるということはない。

だが、これを遺伝子レベルで調べると、遺伝子が同じだとどこが弱いかということはわかる。

たとえば親が大腸ガンだとしよう。たしかにガンとしては子供に遺伝しないかもしれないが、大腸が弱いという遺伝子を、子供は半分持って生まれているということになる。

家系的にみると、ガンの多い家系というのがあるが、これはガンが遺伝するというのではなくて、体質が遺伝していると考えた方がいいと思う。

親の遺伝子をもらっているから、同じ所が弱い。しかも、同じ食事をしている。同じ環境で育っている。まったくそうでない人と比べると、ガンになる確率が高い。

そう、考えておけばいいだろう。

「うちはガンの家系だから」と嘆く前に、「体質」を変える努力をしたらどうだろうか。

これもひとつの健康の守り方である。

たとえば、食事の習慣を変えるだけで、だいぶちがってくるような気がする。塩をたくさん使う家は、その子供まで塩辛いのが好きである。親が脂っこいものを食べるうちは、子供まで太っている。

もし、あなたの家がガンの家系だというのなら、あなたの体質のなかに、ガンにかかりやすい「何か」を持っているのであって、ガンそのものを持っているわけではないことを強調しておきたい。

それはガンにかぎらない。

脳卒中、高血圧、糖尿病などその例が多い。

日本の糖尿病はインシュリン非依存型が多い。膵臓の分泌が弱いという体質が受け継がれているから、子供が糖尿病になりやすいといわれているが、これは自己管理によって防げる。

特に、母親が糖尿病だと、子供も糖尿病になりやすいといえる。しかし、そうだとすれば、食生活を変えて、「体質」を改善する努力をすればいいのである。そこをあいまいにしておいて、「うちは糖尿病の家系だから」ではすまない。何しろ、苦しむのはあなたであり、あなたの子孫なのだから。

ガンの特効薬は、まだしばらくはできない

では、結核が不治の病でなくなったように、ガンが治る日が来るのだろうか。どうも、それははっきりとしたことはいえない。ガラスの向こうに見えるのだが、手が届かないというい方で、現在の研究成果を表現した人もいたが、あまりにもガンそのものの種類が多様なため、ガン全体の特効薬はすぐには生まれてこないと考えた方がいいかもしれない。

胃ガンは治る。大腸ガンも怖くない。乳ガンは大丈夫。そうやって、ひとつひとつのガンに対して、研究を重ねているのが現状だといえよう。一時流行した丸山ワクチンでも、効果のあるガンもあるかもしれないし、まったく効果がないものもある。さらにいえば、患者の体質にも大きくかかわってくるので、いちがいにすべてに効く特効薬など、できないのが現状である。

そうなると、自分で自分の身体をガンから守らなければならないのだが、それも確実な方法は見つからない。

食べ物に注意する。ストレスをためない。紫外線を浴びない。煙草は吸わない。

ガンに対する予防としては、せめてそんなところだから、たいした予防策ではない。

実際には、日本のガン研究の第一人者であるがんセンターの所長が代々ガンで死ぬくらいだから、きっと、面期的な予防法もないのではないか。

また、先にも述べたがガンだからといって必ず死ぬということではない。胃ガンなどは、早期であれば95パーセント、死ぬことはない。消化管というのは内側から粘膜、筋層、漿膜《しょうまく》からできている。そのどの部分にガンが出来ているかで大丈夫かどうかがわかる。早期というのは、胃の粘膜まで。

ガンは注意をしていれば、何も恐れることはない。

むしろ、ガンにかかることなく、元気で長生きしてきた人の生き方を信じて、どうして長生きできたのか、細かいところまで丹念に見ていくことの方が、ガンを恐れるより、数段健康に役立つのではないかと思われる。

次に、私が、多くの元気な老人を調査して知り得た情報を、こまかく紹介していこうと思う。

何の意味もない会社の「定期検診」

「あれ、おかしいな。会社の定期検診では大丈夫だったんだけどな」

　私の診察室に、時々、こんなことをいう患者が来る。

　私が「高脂血症の疑いがあるから、再検査をしましょう」といった時の返事である。この人の会社は印刷会社で、近くの診療所から1年に1回、医師と看護婦がやってきて、会議室をきれいにして、社員の定期検診が行われるのだそうだ。

「どんな検査をしましたか？」

「えーと、上半身裸になって、ポンポンやって、聴診器あてて、血圧測って、レントゲン写真を撮って、あと、何だったかな？」

　これで、何がわかるのだろうと私は思う。もし、これで病気が見つかるようだったら、相当な心臓病か、結核、命とりの肺ガン……程度だろう。しかもたとえ病気を発見したとしてもすでに手遅れである。

　胃ガンも、大腸ガンも、心筋梗塞《しんきんこうそく》も、糖尿病も、まして高脂血症などわかりっこない。

　つまり、会社の検診というのは、労働基準法で決められているので、事業所がしかたなく、形だけ最低の検査をしているところが多いのである。

　もちろん、会社によっては、きちんと検査項目を増やして、調べてくれるところもあるが、これはすべて会社が支払う金でまかなわれているのだから、検査を増やすことによって、会社は余分に金を多く払わなければならない。そこで、なるべく最低限の検査にしてお茶を濁すのだ。

だから、会社の検診では何でもなくて、その後、病気で入院した人はたくさんいる。実際、聞いてみたらいい。会社の検診で病気が見つかり、そのまま入院した人など聞いたこともない。

なぜ、あの時にわからなかったのか。それは簡単である。その時は調べてなかったからなのだ。

血液検査をすれば、全部がわかるというのは大間違い。同じ血液検査でも、何を目的に検査するかによって、別々に採取しなければならないのだから。

とにかく、会社の検診をあてにしてはいけない。

「ほんと、おかしいな、悪ければ要再検になるはずなんだけど、何にもいわれなかったんだけどなぁ……」

まだ、私のいうことが理解できないらしい。

会社を信頼するのも結構だが、もっと自分の身体を大切にしてもらいたい。

そうなれば、自分で調べるしかない。それが人間ドックである。

40歳から50歳までに
あなたの高校の同級生が5パーセント死ぬ？

人間、40歳までに亡くなる可能性は、約5パーセントだといわれている。

つまり、同じ年に生まれたあなたの「同級生」のうち、5パーセントの人が40歳までの間にすでに亡くなっているということである。

久しぶりに届いた同級生名簿を見ながら、

「えっ、あいつ死んだのか」

と友だちが亡くなっていることに最初に気づくのが、この頃である。

しかし、もっと大事なことは、その40歳から50歳の間に亡くなるのも、5パーセントなのである。いい換えればそれまでの40年の間に死んだのと同じ数の人が40〜50歳の間で亡くなるのである。これはすごいことである。

1学年500人の高校があるとすれば、この10年間に25人も死んでいるのである。

つまり、40歳から病気が増える。これが「生活習慣病」といわれるものである。

これまで他人事《ひとごと》のように思っていた「生活習慣病」も、あなたの仲間が次々と死んでいると聞けば、少しは驚くだろう。

高血圧、糖尿病、ガン、心臓病、高脂血症……。これが彼らの主な死因である。

会社の検診があてにならないのだったら、自分で自分を守らなければならない。だから私は口をすっぱくして「人間ドック」を勧めるのだ。

なぜなら、人間ドックは、あなたの身体のなかに潜んでいる「病気」を網でひっかけることができる可能性があるからである。

いまは何でもなくても、数年後には明らかな病気となって、手遅れになれば、命を落とすことにつながるかもしれない「病気」を、早期に発見するのが人間ドックの目的のひとつである。

人間ドックには、一般には半日ドックから、1泊ドック、さらには1週間ドックまである。一般的にいえば、半日ドックで十分である。ここで9割以上の病気はみつかると思っていいだろう。

最近は、脳ドック、肝臓ドックなど、細分化されている時代。毎年、誕生日の月には半日ドックを受けると決めておくことも40歳から必要なことだろう。

あなたの同級生たちに、数年後の同窓会の名簿を見て、

「ああ、あいつも死んだか」

といわれないように、もう一度、人間ドックを勧めておく。

人間ドックは、健康の守り方の基本である。

人間ドックの落とし穴

Mさんという社長が、突然、くも膜下出血で倒れ、亡くなった。

いわゆる、突然死である。家族や社員は驚いた。Mさんは、日頃から健康に留意し、まわりの人たちに対しても、人間ドックを勧めるほど、自分の身体を大事にしている人だったからだ。

しかも、もっと驚くことは、Mさんはつい1週間前に人間ドックに行ったばかり。その時も、別に異常はなかったと本人が秘書にいっていたという。

そして、さらに驚いたのは葬式の当日、健康センターから通知がついた。

「検査の結果、特に異常は見受けられません」

報告書には、そう書いてあったという。

これこそ、人間ドックが万全ではない——という証明である。このM社長の場合も突然死だが、その8割は心臓と脳の血管障害である。特に、くも膜下出血、心筋梗塞それに不整脈が多い。

これらはどれも普通のドックではまず発見がむずかしい。なぜ、むずかしいかというと、くも膜下出血の原因となる脳動脈瘤《のうどうみゃくりゅう》の検査が含まれていないからである。

「そういえば、先生、今度MRAを受けるって、社長がいってました。MRAって何ですか？」

さすがに、日頃から健康に留意していたM社長だ。惜しかったのは、今度ではなく、その時に検査をしておけばよかったことだ。MRAというのは、脳ドックの検査だ。これで脳動脈瘤の有無がわかる、よくCTスキャンをやったからいいという人がいるが、これは明らかな間違いで、こうした動脈瘤はCTではわからない。

同じようなことが、心臓病にもいえる。普通の心電図をとった程度ではわからない心臓病は多い。特に、心電図をとった時に正常であれば、心臓病ではないといわれてしまう。しかも、心臓の発作は突然起こるものだけに、人間ドックで心電図をとったから大丈夫というものではないということを、このM社長が教えてくれている。これが人間ドックの盲点。

ましてのこと、会社の検診では何もわからないことが、これでおわかりであろう。

薬を毎日飲めば、身体に絶対いいということはない、病院が儲かるだけだ

「先生、今日、薬はないんですか？」

治療を終えた患者のUさんが、診察室に戻ってきて、そういった。

「Uさん、この間、2週間分出しておいたでしょ。だから、今度来るまであるんじゃないですか」

「ええ、ありますけど、今日、特別に来たんだから……」

「来たんだから、何ですか？」

「来たんだから、また、薬がもらえるかと思って……」

こんな会話はまったく珍しくない。

世界と比較して、日本人の薬好きは有名だ。

病院に行って、薬さえもらっておけば、なんだか安心するという人が多いにちがいない。それが、実は危険なのである。

世界のどの国よりも、薬をよく飲む日本人。特に、抗生物質に代表される高額な

薬が使われる率は、先進諸外国に比べてうんと高いのである。なぜ、そんなに高価な薬を日本人は飲むのか。答えは簡単である。日本の薬価制度は、高価な薬を患者に渡せば渡すほど、病院の懐が潤うような医療システムになっているからである。

診察治療を中心とした医療になり、薬をたくさん出しても料金は一緒ということになれば、自然に薬の数は減っていくが、それまで薬の多さに慣らされている患者の方に先の患者のような不満が生じてくるかもしれない。

私は薬をたくさん飲ませないタイプだが、患者に、なぜ私が薬を与えないか、まだ理解されていないのが残念である。

なぜ、患者に薬を余分に与えないのか。金銭的なことだけ考えれば、病院としては、薬をたくさん患者に与えて、その分を請求すれば、保険からきちんと下りてくる。わかりやすくいえば、高い薬をたくさん出せば出すほど、国からの支払いが増え、病院は稼げるのである。

でも、私は必要以上には渡さない。なぜなら、薬は危険だからである。くすりという言葉を逆に読むとリスク。まさに、リスクいっぱいなのである。

たとえば、薬に慣れてしまった肉体自体が、薬に頼るということがある。身体のなかに薬が入ってくるのだから、身体はもともと持っている自然治《ち》癒力《ゆりょく》が衰えてしまう。

一番わかりやすいのは、インシュリンだ。この薬は、糖尿病に使われるが、これは本来膵臓《すいぞう》から出るものである。ところが、その分泌を注射ですませてしまえば、身体の方が怠けてしまう。

ただでさえ膵臓からのインシュリンの出が悪いところへもってきて、注射なんかしてしまえば、膵臓はまったくインシュリンを出さなくなってしまう。

一生やめられない状況になってしまうのは当たり前のことなのだ。

たとえは悪いが、貧しい国の難民に援助物資が送られてきている。しかし、それはいいことばかりではない。いつまでも援助に頼っていないで、自立するべきだと農業を教えたら「世界中から食物が送られてくるのに、なんで働かなければならないんだ」といわれたという話がある。それと同じことが、薬に頼っていると身体のなかで起こるのだ。

身体を薬で助けてしまうと、身体はそれに安心して働かなくなる。だから、私はギリギリでやるのが名医の条件だと思っている。

薬を出せば出すほど、医者が儲《もう》かるというシステムがあるかぎり、21世紀の医療には進歩がないだろう。どんなに医薬分業にしたところで、何の解決にもならないにちがいない。

薬に頼らない健康の守り方を身につけてもらいたいものである。

あえていう。薬の副作用で、毎日人が死んでいる

薬害エイズの問題から、厚生省（現・厚生労働省）が権威にいかに弱いかがよくわかったと思う。

その厚生省から、「副作用情報」という報告が寄せられている。

それによると、

「この新薬は、発ガン性があるために発売延期」

「この薬の副作用で3人死亡。厳重注意」

新薬の効き目というものは、発売してからわかる。使ってみたら副作用があまりにも強すぎるという結果が年中出ている。しかも、これらの薬の副作用で何人もの死が報告されている。

たしかに、副作用のない薬はない。何かによく効くということは、別のところに

は悪影響を及ぼす。まさに両刃《もろは》の剣である。

では、副作用があるのをわかっていて、なぜ医者は患者に薬を渡すのか。医者にも重大な責任があるのではないか――。

そんな意見が出はじめている。私は、これにはひと言文句をいいたい。

一般の医者は厚生省がいいと判断し、販売を許可した薬を患者に投与しているのであって、いちいちこの薬がどうのこうのということはわからない。医者に責任があるとしたら、その新薬の開発にかかわった医者、認めた医者たちに責任があるのではないか。

どんな薬でも、必ず、はじめて使う人がある。

「この薬、大丈夫かな」

その時、誰もがそう思う。まるで、はじめてナマコを食べたのと同じような状況が医者が新薬をはじめて使う時に起こる。

「わからない。わからないけれど、自分でいちいち調べるわけにはいかない」

だからといって、薬を誰かが使わなければ、この薬の効果はわからない。ここがむずかしいのだ。

そうしたなかで、一般の医者に責任を問われても困るのだ。誰が臨床試験をしたか。誰が許可したか。それにかかわった専門の医者には責任があるが、薬を患者に投与した医者に、責任はないと私は思っている。

薬に対して、もっと知識を持ってほしい。ただただ薬はたくさんあればいいということではない。

薬というものは、たくさん飲んだら、その分、たくさん副作用が出ると思っていい。

これは何の薬か。医者が説明して、薬剤師がそれを薬の袋に書くようにすべきである。歩ける患者に対して、10種類以上の薬が出ていたら、特別な場合を除いて、その医者を信用しない方がいい。多くは医者の懐のためにあると考えてもいい。たくさんの老人を診てきた経験からいうと、薬をたくさん飲み過ぎたために、かえって別の症状が出たり、ボケが進んだりしてしまうことはめずらしくない。

身体の調子が悪くなるのも、薬を飲みすぎるからだと思う。

一方ではまた、薬をほしがる患者も多過ぎる。

薬を飲む時には、「この薬は絶対に飲まないといけないのか」をきっちりと聞くようにした方がいい。でないと、あなたはいつの間にか薬漬けになってしまう。

薬のない時代ならともかく、もうそんな時代ではない。

薬だったらいくらでもほしいという信仰を捨てろ！

薬の正しい飲み方は？

先のUさんもそうだが、意外に薬に対する知識がない人が多い。病院でいつも薬をもらいすぎるくらいもらっている人にかぎって、そうだから困る。では、あなたはどのくらい知っているだろうか。

たとえば、薬局で買う胃腸薬と、病院でもらう胃の薬は、どちらが効き目があるか、ご存知だろうか。

答えは簡単だ。胃の薬は大別すると、胃を刺激する薬と胃の活動を抑制する薬と2種類あると思えばいい。病院は当然、診察した結果に沿って、そのどちらかを出す。

だが、町の薬局や薬店で売っているのは、刺激もし、抑制もする。しかもすっきり味のものを売っている。

この結果からもわかるように、効果が直接的なのは病院の薬であるが、ちょっとした胸焼けや胃のむかつき程度なら、精神的な部分を含めて、薬局の薬でも十分なわけだ。

また、薬を病院でもらったり、薬局で買ったりすると、必ず「毎食後」とか「食前」または「食間」といった服用の注意が記されている。

なぜ、薬によってちがうのだろうか。

一般的には、薬というものは、胃に何も入っていない時の方が効き目が高い。しかし、それでは薬によっては、胃が荒れてしまうことが考えられる。病気を治すために飲んだ薬で新たな病気が生まれたのでは、たまったものではない。リスクはなるべく少ない方がいいので、多くは「食後」という処方が多い。

薬のなかには、確実に胃の粘膜を荒らす確率が高いものがある。アスピリンなどがその代表だ。よく市販の鎮痛剤や風邪薬に書いてあるが、これこそ、空腹で飲んではいけない。

薬の飲み方として、患者からよく聞かれることに、

「薬はアルコールやお茶で飲んではいけませんか？」

というのがある。特別にアルコールやお茶に反応する薬なら別だが、薬は別になんで飲んでも同じだ。先に水で薬を飲んだあと、酒を飲んでも、結局胃のなかでは同じことだからだ。

ただし、睡眠薬のように、アルコールと一緒に飲むと、効果が強くなるものもあるので、結局は水で飲むのが無難だということになる。

また「食間」と書かれているために、ひと口食事を口に入れては、薬を飲むという人がいるが、これは食事と食事の間の空腹時をさすのであって、決して「食事中」のことではない。

医者を選ぶのも寿命のうち

元気で21世紀を生きるにあたって、一番重要なのは、「医者選び」である。

ホームドクターについては、あとで詳しく書くが、自分の健康を守るだけでなく、いざという時に、頼りになる医者を身近に持っているかどうかが、あなたの老後の決め手になると思っていいだろう。

もちろん、その医者は大病院の医師でなくてもいい。町医者でも、大病院とのコミュニケーションがよくとれ、自分が怪しいと思ったら、早い段階で、大病院を紹介し、検査を依頼できるような医者だったら、それはいいホームドクターだということができる。

つまり、あなたがどんな医者を選ぶかで、あなたの寿命が決まるといっていいだろう。では、ここであえて、悪い医者の例をあげておくので、参考にしてほしい。

あまりよくない医者、ダメな医者

▼薬をたくさん出す医者

歩けて、1週間に1度ぐらいの割合で通院できる患者に、10種類以上の薬を出す医者。普通の病気にそんなにたくさんの薬を出すことはない。そういう患者の9割以上が、実は必要のない薬を飲まされているといっていいだろう。

▼薬の説明ができない医者

患者に「この薬はどんな効果があるんですか?」と聞かれて、きちんと答えられない医者は、薬で金儲けを考えているだけ。

▼たくさんの科をひとりで標榜している医者

先生がひとり、看護婦がひとりなのに、「内科、婦人科、皮膚科、肛門《こうもん》科」などと看板にたくさん書かれている医者はよくない。たしかに、すべての医者は大学で一通りの基礎教育は受けているが、多くの医者の専門科目はひとつ。したがって、たくさんの科は掲げることがないのが普通（もちろん、地方や離島などで、どうしてもやらなければならない場合は別である）。

▼インフォームド・コンセントをきちんとしない医者

何か聞いても、「素人は黙って医者のいうことを聞いていればいい」といって、病状についても、治療法についても、きちんと教えてくれず、医者の貫禄《かんろく》で押し切ろうというタイプ。

▼患者ばなれができない医者

医者にとって、情報は大事な財産である。せっかく来た患者だからといって、手におえなくなるまで、自分の手元においておく医者は絶対によくない。これは危ない、と思ったら、すぐにでも専門の医者に紹介するのが医者の務めだからだ。医者の友人がいない。情報がない。そんな医者にかかっていたら、いざという時に危ない。いまの時代は、医療情報をきちんととらえていて、即座にコンタクトがとれるということが、医者の価値を決める。

▼設備と建物では医者はわからない

素晴らしい設備があるからといって、その医院に必ずしも素晴らしい医者がいるとはかぎらない。治療は機械がするのではなく、あくまで医者がするのだ。だから、建物や設備にだまされることなく、しっかりと医者を見てほしい。

ついでに、医者が嫌がる患者のタイプもあげておこう。

医者が「こいつ、嫌だな」と思う患者

▼医者を信用していない患者

「この薬、効くんですか？」とか「本当にその病気なんですか」などと、医者を信用していないような口をきかれると、医者も嫌になる。

▼横柄な患者

態度が大きく、なにごとにも横柄だと、医者の方もあまり力が入らない。特に、有力者とか大学者に多い。

▼おしゃべりな患者

他の患者がたくさん診療待ちをしているのに、関係ない世間話をダラダラしていく患者は嫌がられる。

▼医者のいうことをきかない患者

してはいけないことを平気でしたり、薬を飲まなかったり、医者の指示を守らない患者は、医者の方も「勝手にしたら」と思う。

健康の守り方の番人である「医者選び」も大事なポイントなので、今かかっている医者を思い出して、再チェックしてみよう。

家系論

病院の待合室で、よくこんな「意地悪」な会話を耳にする。

「あなたの家は長生きの家系だから、おばあちゃん、百まで生きるんじゃないの？」

「冗談はやめてヨ。おばあちゃんはいいけどさ、うちの亭主も長生きなわけね」

「そうよ、あと30年は生きるわよ、ひっひっひ」

「あたし、先に死にた～い！」

こういう会話が平気で行われているというのも、時代の象徴だが、ここにいわれている「長生きの家系」というのは、本当にあるのだろうか。

家系というからには、「遺伝」がかかわってくる。長生きの遺伝子のようなものが、代々伝わっていって、家系的にその家に生まれた子は、長寿のために特別なことをしていなくても、みんな長生きになるということなのだろうか。

逆にいうと、長生きできない家系の人も存在する。

それは医学的には「ウエルナー症候群」といわれる病気で、一般には、わかりやすく、「早老症」と呼ばれている。

その他、「家族性の高脂血症」という心筋梗塞が多発する家系もある。

これらの病気の遺伝子を持った人は、長生きしたくても、代々短命であるといわれている。しかし、長寿の場合は、病気ではない。まして、遺伝には関係がない。

遺伝というのは、メンデルの法則のように、ある法則にしたがって、きっちりとした割合である結果が出るが、家系というのは、そうした傾向が強いというだけで、特に法則はない。

ただ、同じ遺伝子を親から受け継ぎ、食生活をはじめとした生活習慣が一緒であれば、当然、同じような病気にかかりやすいし、逆にかかりにくいということも出てくる。これが「体質」である。

ということは、先の会話を正確にいえば、

「あなたの家は代々長生きをしている『体質』を持っているから、おばあちゃんもあなたのご亭主も長生きの『体質』かもしれないわよ」

ということである。

だいたい、自分の家が長生きかそうでないかを調べるには、自分を取り巻く肉親、つまり三代程度調べてみて、そこに80歳以上で亡くなった人がひとりでもいれば、そこそこみんな長生きできる「体質」だと考えていいだろう。

ただし、長生きといっても、ベッドに寝たきりではしかたがない。元気で長生きするには、どうしたらいいかを次に考えてみよう。

長生きする食生活の原則

長生きしている人の食生活をよくみると、意外なことに気づく。

それは、「あっ、これが長生きの秘訣《ひけつ》だ」というような食事は特に見つからないことである。私の病院の敷地内にある老人ホームにも、たくさんの元気なお年寄りがいるが、聞いてみると、肉が好き、魚が好き、野菜が好きという人の割合はそんなに変わらない。

以前、104歳を迎えた、きんさん、ぎんさんを診察し、ふたりの好みを聞いたことがあるが、きんさんは鮪《まぐろ》の赤身が好きで、ぎんさんはハンバーグや鶏の唐揚《からあげ》が好き。魚にこだわってみれば、ぎんさんは赤身よりは白身が好きという具合に、食生活はまったく好みがちがっている。

食生活がちがっていても、ふたりとも長生きであるということからいうと、何を食べているから長生きだというような「単品」は存在しないということになる。「長生きの秘訣は、魚の白身！」とか「見つけた、究極の長寿食モロヘイヤ！」などと騒いでいるのは、マスコミだけで、結局、これを食べれば長生きできるという食品はないといっていいだろう。

ついでにいえば、きんさん、ぎんさんは、牛乳、トマト、ニンジン、ゴボウなどは口にしないと聞いて、意外に思った思い出がある。

このように、長寿のための単品はなくとも、食生活に関して、何か「原則」のようなものがあるのではないだろうか。

調べていくと、それはたしかに存在した。以下、長生きするための食生活の原則を書き起こしていくことにする。

食事の量

食事の量は、腹七分目から八分目。

長生きしている老人を調べてみると、9割近くがこれを実践している。

食事の回数

当然のようだが、3食を規則正しく食べている老人に長生きが多い。

しかし、これは私からいわせると、必ずしも1日の食事は3食でなくてもいい。朝は軽く昼と夜はしっかりと食べるというのでもいい。たとえ2食でも、大事なことは毎日「同じペース」で規則正しく食べることである。

人間の身体は、食事の時間というのを体内で計算している。だから、決まった時間に必ず体内に食べ物が入ってくると、安心する。それが長生きの秘訣なのである。

それは、野生の動物と動物園で飼われている動物の寿命を比較してみれば、すぐにわかる。野生の動物が長生きできないのは、いつ獲物が手に入るかわからないという状況で生きているからである。人間もまさにこれと同じことがいえるのである。

食事のバランス

食べ物にあまり神経質にならないことが大事だ。

これだけ、健康情報が氾濫《はんらん》すると、あれを食べなければいけない、これが足りないと気にしすぎる傾向がある。しかし、人間の特性を考えてみれば、今日その野菜を食べなかったからといって、明日死ぬということはない。

もし、栄養素のバランスを考えるのであれば、1週間単位で考えてみたらどうだろう。この2〜3日ビタミンが不足した食生活をしていると感じたら、週末にまとめて野菜をとったってかまわない。

「あれも食べなければ」とか「今日はビタミンAが足りない」などと1日単位で食事のバランスを考えすぎると、ストレスがたまって、それが一番身体によくないのだ。

さらにいえば、どうせ食べるなら、楽しく食べた方が身体にいいのは、いうまでもない。

食事の種類

長生きをしている人は、決まって「和食好き」である。

元気で長生きをしている人に和食好きが多いのは、日本人だから当然だが、和食には単品というのが少ない。いろいろな栄養素がバランスよく入っているから、意識しないでも和食を食べているだけで十分である。

よく「健康的な生活を送るには、1日30品目食べた方がいい」といわれるが、これも普通に和食をとっていればクリアできる。なぜなら、和食は先進国の食物のなかで、野菜の割合が一番高く、カロリーが少ない、ヘルシー食なのである。世界一の長寿国の食事を、もっと信頼してもいいのではないだろうか。

運動は長生きの敵！

健康維持のために、よくジョギングをしている高齢者を見かける。青梅マラソンやホノルル・マラソンといった市民マラソンにも、かなりの年齢の人が必死で走っているのを見かけると、「元気だなぁ……」などと思うし、一見、こうした老人はいつまでも元気でいられそうだが、長生きという観点からみると、これが大盲点である。

この際、はっきり断言しておこう。

医者の私から見ると、ジョギングは非常に危険である。特に、中高年からジョギングをはじめた人が「健康のため」にやっているとしたら、すぐに散歩程度に切り換えた方がいい。

なぜなら、ジョギングをするにも本来の意味からはなれ、日本人は真面目に走るからである。雨の日も、風の日も、ひた走る。まるで、走ることが使命のように走るのが中高年の健康にいいわけがない。

疲れたら休む、息が切れたら歩く、それならまだ許されるが、タイムを競ったり、身体が不調なのにがんばるのだけは、絶対にやめてもらいたい。

日本では、運動の持つ精神論、根性論が一体となって、健康のための運動をかなり過大評価しているように思える。

「今日はここまで走れたから、元気だ」とか、「スタミナが前よりもついた」とか、「明日は絶対に30分の壁を破るぞ」とか、ある目標を持って走りがちである。

しかし、現実に長生きをしている老人の状況を調べてみると、定期的に運動している人は、ほとんどいないといっていい。

わかりやすくいってしまえば、毎日、ジョギングをしているような人に長生きをした人は少ないのである。意外な盲点であった。

私がいうまでもなく、運動のやりすぎは身体に悪いと医学的にいわれている。なぜなら運動をすることにより血液が早く流れ、呼吸が荒くなれば活性酸素が増える。この活性酸素が老化の原因なのだ。

実際、大学時代に、サークルなどが文化系だった人と体育会系だった人の寿命を比べると、6年以上も文化系の人の方が長生きしているという統計からみても、運動は長生きにとっての必須条件ではないことがよくわかる。

プロボクサーや大相撲の力士が長生きをしないのも当然なのだ。

では、元気で長生きをしている人は、身体を動かしていないかといえば、そんなことはない。実によく散歩に出かけるし、女性なら買物から家事まで、身体をマメに動かしているようである。

「先生、年をとると、どうしても体力が落ちるじゃないですか。だから、運動によって増強しなければいけないんじゃないですか」

あるジョギング派のお年寄りがそういった。

私は、その人に、医者の立場からこう教えてあげた。

「いいですか。年をとってから体力を増強しようなんて、とんでもありませんよ。それをいうなら、体力の維持でしょう。あなたが60歳の時の体力を維持できていたら、それで十分若いんですよ」

だから、体操だって、ラジオ体操のようなものを真似するだけでいいし、身体を簡単に動かすだけでもいい。過度の運動など真面目にやろうものなら、それこそ骨折したり、筋肉を傷めてしまうのがオチである。

年をとると、身体を動かす機会があまりなくなる。ましてや、ラジオ体操のような、きっちりとした体操を10分もやったら、かなり疲れると思った方がいい。

だから、そこまで真剣に体操について考えないで、身体を軽く動かすつもりでやるだけでも十分な運動になるということを知っておこう。

たとえば、足の痛い人は、椅子に座って、足をまっすぐに伸ばすだけでも、いい運動になるし、ブラブラと子供のように足首を動かすだけでも、十分だ。

身体にハンデのある人は、無理をしないで、動く部分だけを動かせばいい。

私の病院でも、おじいちゃんやおばあちゃんが、ベッドの上で大きく背伸びをしているのをよく見かけるが、何も起きなくても、寝ていても十分可能なのである。

健康を守るためには、身体を動かすことは絶対必要なことではあるが、「過ぎたるは及ばざるがごとし」でもある。

同じように、ジョギングをするなら、散歩でいい。散歩は元気で長生きにもってこいの「運動」である。

さらには、適度な散歩は頭に血がまわり、ボケの予防にもなるからだ。詳しくは次の項で述べよう。

散歩は最高の「運動」である

こうして書いていくと、はっきりいって、長生きをするために特別な運動は必要でないことがよくわかる。

しかし、元気で長生きをしている人たちの「運動歴」をみると、「散歩」が圧倒的に多いのには驚かされる。どうして、散歩が身体にいいのか知っているのだろうか、と医者の私が不思議に思うほど、実践しているのだ。

医学的にいうと、散歩をすると、脈拍が100〜110ぐらいになる。この脈拍の数は頭に行く血液の量が一番多い状態になっている数値なのである。しかも、そうした血液の循環がよい状態を30分から1時間も続けることは、ボケ防止に非常に効果的なのだ。

ただし、散歩にはいくつかの注意がいる。

散歩における注意事項

▼本来なら早足の方がいいが、無理して早く歩くこともない。

老人の体力は個人差が大きいから、いくら隣りの人が早足で歩けるからといって、自分も一緒に早く歩く必要はない。心地よく歩ける速度、無理のない速度で歩くこと。

▼散歩に要する時間は、だいたい30分を目処にする。

老人の事故を調べてみると、30分以上同じことをやると注意力が散漫になり、事故率が高くなるということがある。だから、散歩を1時間も2時間もやることはない。1時間、どうしても歩きたかったら、30分で一度区切り、休みのインターバルをもうけて、もう一度歩いたらいい。

▼靴に注意すること。

いまは土の道などほとんどなく、アスファルトの舗装道路を散歩する人が多いだろうが、ここで気をつけてほしいのは、散歩のための靴である。

硬い道を歩くと、どうしても膝《ひざ》を傷めるから、散歩の時はスニーカーなどのクッション効果のあるもので、膝を保護することが大事である。

▼手には荷物を持たない。

誤って転んでしまった時に、物を手にしていると、どうしても荷物をかばうので、すり傷で済むところが骨折してしまったりする事故が多い。

手ぶらで歩くことを心がけた方がいい。犬の散歩を兼ねている人も多いようだが、犬が突然走り出したりして転ぶことも多いので、注意した方がいい。犬と一緒の老人の散歩は一見楽しそうだが、危険な部分が多いので、私はあえて勧めない。

▼五感が刺激を受けるコースを。

コースは基本的にはどこでもいいが、なるべくなら、「ああ、きれいだな」とか「これはすごいな」「いい匂《にお》いがするな」などといった五感を刺激するようなところがあれば、田舎道であろうと、川べりであろうと、デパートのなかであろうとかまわない。

数種類の散歩コースを用意し、その日の気分で変えるのもいいだろう。

まあ、あまり交通量が多いところでは、ゆったりとした気分になれないから、安全なところを歩いてほしい。散歩は健康維持のための同伴者というところか。

上手な風呂の入り方

老人が家のなかで亡くなる時の、大きな引金になっているのが、入浴だ。風呂《ふろ》は、大変に気分をよくするものだし、日常生活に不可欠なものだが、年をとってからの入浴は、いつも危険と背中合わせだということを知っておこう。

入浴後の身体の急変は一般に考えられているより、ずっと多い。

特に、熱い風呂が好きな人、肩まで湯につからないと風呂に入った気がしないという人、心臓や血圧で医者から注意を受けている人は、入浴には最大の注意を払ってほしい。

なぜ、こんなに風呂のことで注意をするかというと、日本の風呂場は他の場所に比べて温度差が激しいからである。特に、冬場は脱衣所がとても寒く、あまりの寒さにブルブル震えるくらいである。それでいて、急に熱い風呂に入るため、血圧が急に変化し、それによって、脳の血管が切れたりすることもあるからである。

また、なぜ肩まで入るのはいけないかというと、心臓と肺にものすごい圧力がかかる。これが老人にとっては、かなりの負担になるのである。

対応としては、乳のあたりまでお湯につけておくのがのぞましい。熱いお湯が好きな人は、最初はぬるめのお湯に入り、次第に温めていくのがいいかもしれない。

また脱衣所は温度をあげておく。

それからきれいにゴシゴシ洗わない。化学繊維のタオルで洗うと、皮膚に必要な脂分が取り除かれ、肌がかえって荒れるからである。老人の肌がかゆくなる原因のひとつである。

また、風呂には椅子や手すりを用意しよう。

私が開発した、マインバスターという器具は、湯船の縁の部分にプールのあがり口のような手すりをつけられるので、風呂から出る時も入る時も安全である。

風邪をひいてしまうのは、裸になって身体を拭いたりする時の温度差からである。

また、風呂は思っている以上に体力を消耗する。老人はただでさえ抵抗力が弱いから、風呂は大敵であり盲点も多い。


どうしても入りたかったら、シャワーがいい。シャワーと風呂では、雨にうたれるのと水に溺《おぼ》れるほどのちがいがある。雨にうたれて死ぬ人はいないが、水で溺れる人はいる。これは若い人に多いことだが、酔って風呂に入るのは大変に危険。サウナなどもってのほかである。

風呂ひとつ入るにしても、ちょっとした知識をもっているのともっていないのでは、夜道にライトをつけて走るのと消して走るくらいのちがいがあるのだ。

あなたが顔も見たくないほど嫌いな上司は「ストレッサー」
それを何とか好きになろうとするのが「ストレス」

「ストレス」という言葉が使われはじめて、ずいぶん時がたった。

だが、多くの人が口にしているわりには、医者の私にいわせれば、実は「ストレス」の本当の意味を知らないように思えてならない。

一般的に理解されているのは、「心の抑圧」とか「心にかかる負担」といった意味ではないだろうか。これは、正確には、「ストレッサー」と呼ばれるもので、こうした抑圧＝ストレッサーを受けた人が心に「よじれ」が生じた場合、その「よじれ」を元に戻そうとする「力」を「ストレス」と呼ぶのである。

たとえば、あなたに顔を見るのも嫌な上司がいるとする。

この人があなたを呼んだ。そうすると、嫌な気持ちになる。この時、あなたの心がストレッサーからの抑圧を受けているわけである。

そこで、嫌なのだから、呼ばれても行かなければいい、関係ない、用があるならそっちから来いと思えばストレスはそこには存在しない。ところがサラリーマン社会はそうもいかない。しかたがない。あなたの心は、嫌な上司でも、呼ばれたら、立ち上がろうとする。これが「ストレス」なのである。「心のよじれ」を元に戻そうとする時に、ストレスが発生するのだ。ここをよく間違えて、

「俺、あの上司がストレスなんだよ」

などという人があるが、正式には間違いである。

まあ、学問的な定義はさておき、ストレスとは「精神的・肉体的に負担となる刺

激や状況」というふうに考えてみると、わかりやすいかもしれない。

では、そのストレスが「健康」とどう関係するか、医者の立場から検討してみよう。

まずは、ストレスと病気の関係から。

▼ストレスが「ガン」を多く発生させる

医学的にいうまでもなく、ストレスは人間の身体に大変な影響を与えている。わかりやすくいえば、風邪からガンまで、ストレスが関係しているといっていい。

よく1年中、風邪をひきやすいという人がいるが、これは単に体力がないわけではない。

ストレスを多く感じることによって、体内の監視機構である「免疫系」を弱めてしまっていることから、ちょっとしたことで風邪をひいてしまうのだ。つまり、身体のなかにある警察機構がストレスによって、その力を前もって弱められているために、風邪という犯罪が起こりやすい社会になっているというわけである。

ガンも実は同じことがいえる。

前にも説明したが、ガンというのは、細胞の異常な分裂から起きるわけだが、それを正常かどうか、きちんと監視しているのも、同じ免疫系である。その監視機構が弱まれば、ガン細胞がどんどん増えていっても、押さえることができなくなる。

これでわかるように、ストレスが直接病気を起こすのではなく、ストレスを強く感じることによって、身体を守る機能を低下させてしまい、その結果として、病気を引き起こしやすくなるのである。したがって、ストレスが多い人ほど、ガンが多く発生するというわけだ。

▼寂しい女は太る

ストレスを感じた時、男は酒を飲むが、女性は「食べ物」に逃げる人が多い。物を食べている間は「おいしい」とか「リラックスできる」とか「楽しい」とか思えるから、その間だけでもストレスからの逃避ができるからである。

たとえば、「自分はひとりぼっちだ」という虚《むな》しい孤独感にさいなまれた女性は、寂しいという気持ちが引金になって、食べ始める。これは、せめて「おいしい」と思う気持ちで、寂しさから逃避しようとするからである。でも、そうしはじめた時から、肥満がはじまる。

小児の肥満はその典型で、「塾だ」、「稽古《けいこ》ごとだ」と、ストレスのたまった子は、せめて食べることで、一時的に自分をストレスから解放しようとしているのが最大の理由である。反対に、恋愛をしている女性は美しくなるというが、これは楽しいことや、ほどよい緊張感が肌を若返らせるからである。

つまり、ストレスはそれほど、人間の「思考」中枢にも影響を与えるのである。

▼ストレスの発散がうまい人だけが生き残る

子供間のいじめの問題がさかんに騒がれているが、こうしたいじめは子供だけの問題ではなく、老人にも多い。

ゲートボールなどで下手《へた》な人がいじめられるのは、昔からいわれていることで、本格的ないじめにあうと、ストレスを感じすぎて、ボケがはじまってしまうケースもある。

しかも老人の方が何十年かの人生の積み重ねがあるから、いじめもかなり陰湿で、いじめられる側の精神的ストレスはかなり強いかもしれない。

その際、ストレスから逃れようとばかりしていると、さらに大きなストレスを背負いこむことになるので、ストレスからは逃げないことが大切だ。

「いじめられるから、嫌だ」といって、家にとじこもりがちになり、友だちも減っていけば、ぼんやり1日を過ごすことになり、結局、ボケたりしはじめる。

そんな時は、「自分は下手なんだ」ということをアピールすること。仲間の前で、「私がやると、勝てないよ。応援する側にまわるよ」などといって陽気でいれば、失敗したところで、いじめはない。

「あーあ、ごめん、ごめん」ですむことをクヨクヨしていると、すごいストレスになる。ストレスから逃げないで、ストレスをまず受け止めることを考える。その受ける手が大きければ、どんなストレスがやってきても大丈夫だ。その手の大きさが、ストレス発散法というわけだ。

21世紀は、ますますストレスが増える世の中になるから、ストレスから逃げることなく、ストレスを発散できる人だけが生き残れるのである。

▼ストレスの発散は人によってちがう

ストレスの発散方法は、人によってちがう。自分が一番リラックスできる、気持ちいいと思えること、それがストレス発散法だ。カラオケで歌うのが気持ちよければ、それで十分である。

「ああ、楽しいな。生きていてよかった」と思えるような楽しみを持つことが重要。

男性のストレス発散法の第1位は「趣味やスポーツに打ち込むこと」。第2位は「酒を飲む」、第3位は「恋愛」だそうだ。

まさに、現代版「飲む・打つ・買う」である。

ちなみに女性の第1位は「友だちとおしゃべりをする」、特に長電話。第2位は

「やけ食い」、第3位は「ショッピング」。

たとえ、姑との確執がストレスになっていても、友だちとしゃべって解決してしまうことだってできるし、ショッピングで気晴らしするのもいい手かもしれない。

▼配偶者の死はストレス

年をとってからのストレスで一番大きいのは、配偶者の死である。

特に、男性は環境に対する順応能力が女性より落ちる。妻が死んで自分ひとりになるという、環境が変わった現実になかなかついていけないだけに、ストレスがたまって早死しやすい。しかし、女性にはそういうことはない。なかには夫がいること自体がストレスだった場合、夫の死によって、逆にストレスから解放されることになって元気になる人もいる。

「早くお迎えが来ないかな。あの人が呼んでるもの」

などといいながら、牛乳をゴクゴク飲んで、元気一杯、日課の散歩に出かけていくのが、夫が死んだ後のおばあちゃんたちの日常の姿である。

▼大きなストレス・長いストレス

自分が病気になる。事故にあう。子供が病気になる。親が病気になる。

こういうことは、誰にとってもストレスである。これがいわゆる「大きなストレス」。

嫌な上司がいる。夫婦仲が悪い。女房がいるだけで、あるいは旦那がいるだけで、ストレスを感じる。これが「長いストレス」。

小さなストレスや短いスパンのストレスは、ある程度刺激になっていいが、こうした「大きなストレス」や「長いストレス」は、完全にうまく発散させておかないと、体内の監視機構を破壊してしまう可能性がある。

特に、中年以降、老年期にこれがあると、「自殺」という最悪の展開も考えられる。

長患いを苦に自殺したり、病気の夫や妻の介護に疲れて無理心中なんてことが、老人の間にこれから多く起こることは間違いないだろう。

だから、「大きなストレス」や「長いストレス」を受けた場合は、まず「ストレス」を「ストレス」と受け止めること。たとえば、配偶者が病気になったとしたら、まずしっかりと現実を見極め、自分が「できることだけ」をすること。あれもしよう、これもしなくてはいけないのではないかなどと考えないこと。自分がやれることだけをやるしかないと考え、やれないことは人に頼む。お金を出してやってもらう。お金がなければ、地区の民生委員に相談する。援助をもらう。ただ、それだけのことだと思わなければ、「大きなストレス」や「長いストレス」には負けてしまうに決まっているからである。

▼老人にストレスは似合わない

年寄りはもっとわがままでいい。

法律を犯さないこと、人にはなはだしい迷惑をかけないこと、これを守れば老人は何をしたって許される。たとえば、年をとってから恋愛をして、俺は自分の好きなように生きていくといえる老人がどれだけいるだろうか。

一生懸命働き、子供を育てた。社会的責任も果たしたつもりだ。これからは思い通りに生きたい。

お前たち子供には迷惑をかけない、だからあの女と住む。これは若い人だと許されない行為かもしれないが、老人なら許される。

若いうちなら、やり直しはできる。ところが老人にはやり直しはない。動けるいまが最後だと思っていた方がいい。

だから、いいたいことをいえばいいのだ。そして、年をとったら、たいていのことが許されるのだと思えば、ストレスは感じないですむかもしれない。

21世紀は「プラス思考」で考えろ！

▼残された余命をどう生きるか

先日、久しぶりに会った友人がこんな話をしはじめた。

「フレディ、俺のおふくろ、悪性リンパ腫《しゅ》でさ、マイってるんだ」

それまで、高校時代の思い出話で盛り上がっていたのだが、私がつい両親のことをたずねたために、突然、雰囲気が暗くなってしまった。

それを知ってか、彼は大きく手を振って、

「いやいや、悪い、悪い。でもさ、考えようによっては、治療さえうまくいけば、あと5～6年は生きられるもんな。俺に親孝行をしろって、神様が教えてくれたのかもしれないもんな。せいぜい、介護を一生懸命してやるつもりだよ」

と笑ったので、すぐに雰囲気はなごんだ。

たしかに、それはいえる。心筋梗塞や脳卒中、あるいは交通事故でいきなり死んでしまう人たちに比べれば、やがては死ぬとわかっていても、それを知って生きるという方が人生設計が立てやすい。ものは考えようで、どうともとれる。

私はその時、21世紀の老い方のひとつとして、こうした「プラス思考」がいかに大事かということに気がついた。

私の病院に入院しているおじいちゃん、おばあちゃんのなかには、この先、そんなに長く生きられる保証のない人たちがたくさんいる。しかし、それをはかなんだり、悲しんだりしたところで、かえって心が萎縮《いしゅく》してしまうだけだ。

それより、残された余命をどう生きるか、家族と過ごす時間や自分のことをゆっくりと考える時間がまだ与えられていると考えれば、そんなに悲観することでもない。

青春、朱夏、白秋、玄冬。これが中国に伝わる人生の四季だ。

その意味で、自分の最後の季節をどう生きるか。それをゆっくり考えようと思うこと。死を恐れるより、ゆったりと冬支度に入る方がずっとプラス思考だと思うがどうだろう。

▼子供が小さいのに無念の死をとげた人も山ほどいる！

同じようなことが、病院の日常でも起こる。

「最後の人生はプラス思考で」をその友人に教えられた時以来、私は患者にもその態度で接することにしている。

ある日、あるおばあちゃんが苦虫を噛《か》みつぶしたような顔でやってきた。

「先生、もう膝《ひざ》が痛くて、痛くて、どうしようもないの。何とかしてヨ」

その時、私はニッコリ笑って、こう答えた。

「あのね、おばあちゃん、よく聞いてよ。いいかい、あなた80歳でしょ。そんな年になって、ここまで歩いてきて、また歩いて帰って、夜になったらごはんが食べられる。そういう身体って、いい方じゃないのかな」

おばあちゃんは、私が何を言い出すのかと思って、キョトンとした顔をしている。

「だから、膝が痛いっていうけどさ、考え方を変えると、膝以外は痛いところがない、つまり健康なんだろ。だから、ああ、膝だけで済んだって思いなさいよ」

私は続けた。

「上の病棟で入院している人を見るかい？　1回だけでもいいから自分の力で歩きたいと思って寝たきりの人がたくさんいるんだよ。おばあちゃんと同い年だよ」

そういうと、おばあちゃん、私をのぞきこむようにして、こういった。

「先生、あんた、宗教家かい？」

これには私も大笑いをしたが、たしかにそういう面はあるかもしれない。でも、「ここが痛い」と思うより、「ここだけが痛くて、あとはすべて健康なんだ。ありがたい」と思う方が感謝の気持ちも生まれてくるというものかもしれない。

同様に、いまこの本を読んでいる人で病気の人がいたら、こう考えたらいい。

「どうして私はこんな病気になったのだろう」と悔やむのは、あなたがまだ生きているからなのだ。多くの人は悔やむ間もなく死んでいったのだから。

「ああ、私は生きている。まだ動ける。まだ、ものを考えられる」

それでよし、としなければいけない。世の中には、まだ生きていたかったのに、やることがたくさんあったのに、子供がまだ小さいのに、無念の死をとげた人たちが山ほどいるのだから。

多くの年寄りを見てくると、プラス思考で感謝の念が強い人は、はつらつとしていて、目が穏やかである。反対に、不満を年中口にしている年寄りは、目に険があり、その人を包む空気が冷たく感じるのは、私だけではないだろう。

▼心配してもしかたがないことは、心配するな！

「先生、私、脳卒中にならないでしょうかね」

そんなことをいきなり聞かれても、困る。聞けば、すごく心配なのだそうだ。これから何年後に何が起こるか、わからない。

わからないことをいまから心配してみたところで、何もはじまらない。

「心配だったら検査をしてみてくださいよ。突然、そんなこと聞かれて、わかるわけがないじゃないですか」

私は思わず笑ってしまった。

「先生、私はお釈迦《しゃか》様のように、極楽に行けるんでしょうか」

こういう人も同じ。無間《むげん》地獄に落ちるのではないかと心配ばかりしていても、何もそこには生まれてこない。あれこれ考えても、結論が出ないような「心配」は、さっと忘れること。これが一番大事なのだ。

お釈迦様の話にこんなのがある。

ある時、弟子がお釈迦様に「あの世はあるのですか」とたずねた。　その時、お釈迦様は弟子に向かって、こう答えたといわれている。

「あるともいわないし、ないともいわない」と。

つまり、お釈迦様が言いたかったことは、あるかないかわからないことを、あれこれ心配しても、埒《らち》があかないということだろう。

これは医者にもいえる。自分がいつ、どんな病気になるかわからないのに、「脳卒中で倒れませんか」とか「心臓病になりませんか」と聞かれても、答えようがないのである。

医者は占師ではないのだ。

ついでにいえば、お釈迦様の「悟り」とは、「わからないことは、わからないということがわかったこと」とも答えている。

長生きの人には、「くよくよしない」ということをモットーに生きてきた人が多い。

「そのうち、何とかなるさ」

これもまた、大事なプラス思考かもしれない。

▼プラス思考でアルファ波が出る！

病気になると、どうしても人生をはかなんでしまう。

それは、しかたがないことかもしれない。なんだか、人生の落伍者《らくごしゃ》のような気がしてしまうからだ。しかし、考えようによっては、人間誰でもいつかは病気をする。それが人より早く来ただけのことである。

よく病気をすると「神様が休めといってくれているんだ」と慰める人が多いが、まさにこれは至言である。神様が本当に指示を出したのではないが、病人はそう考えることによって、悲しみから立ち直ることができるからだ。

これもプラス思考である。また、そう思うことで実際、病気も早く治る。

あるモーレツ・サラリーマンが倒れた時、

「焦《あせ》るな、じっくり治せ。ライバルはそんなに遠くに行ってない」

と見舞いに来た人がいったことがある。

その人の励ましのおかげで、患者は極度の落ち込みから救われた。

また、逆に一度大病をした人は、人生に対してとても情緒的になるような気がするという。それは、どこかに感謝の心が生まれているからだ。

たとえば、ふだんそんなにきれいに思えなかった花が、手術を終えて枕元《まくらもと》で咲いていると、素晴らしく美しく見える。

生きていることの素晴らしさを肌で感じているから、何事にも穏やかな気持ちになれるのである。人に感謝する気持ちを持つことによって、脳からはアルファ波が飛び出し、ますますその人は明るくなるのだ。

21世紀の初めにあたって、この「ストレスの発散」と「プラス思考」は、健康を守るうえでも、重要なキーワードになるにちがいない。

第3章　やっぱり、ボケ予防

長生きしても、ボケたら何にもならない
――アルツハイマー型痴呆の恐怖

高齢化社会といわれて久しいが、ハッと気がつけば、日本は世界一の長寿国。そもそも「長寿」は、常に人類の願いであり、夢でもあった。秦《しん》の始皇帝をはじめ、歴史上の権力者は常に長寿を願い、不老不死の方法を手にいれるべく、あらゆる手段を講じたことは周知の事実である。

このように「長寿」は本来、人類の憧《あこが》れであり、めでたく、その意味でも日本は世界に誇れるはずのものであったが、なぜか素直に喜べない。

日本人の中年から老年期にかけての最大の心配事は、これから長生きをしても、「寝たきりにならないか」「ボケないか」の二つである。どんなに長生きをしても、この二つのうちのひとつでも現実のものとなってしまったら、どれだけ家族に迷惑をかけるか計りしれないことを、すでに私たちは経験則として、知っているからである。

このうち、「寝たきり」に関しては、前章に書いたように、まず身体を健康にし

ておくことに尽きる。

だが、もうひとつの「ボケないか」という悩みに関しては、まず日本には、いや世界にも経験が少なく、諸説入り乱れ、どれが正しいかわからないといって過言ではない。

「老人のボケ」は脳血管性痴呆《ちほう》と、アルツハイマー型痴呆の二つに大別されていることはよく知られている。

脳血管性痴呆に関しては、読んで字のごとく、脳血管障害から身を守ればよいわけであるから、ある程度、予防は可能だということができる。つまり、脳の動脈硬化を予防するような注意、すなわち高血圧の予防、脂肪の制限、糖尿の予防、塩分の制限などで、特にこれといった目新しいものはない。

しかし、アルツハイマー型痴呆の場合、はっきりとした脳血管障害もなく、いつしかおかしな言動が起こり、やがてボケていくため、原因はいまだにはっきりとしていない。

原因不明の病気を予防するということは、幽霊を相手に戦うようなもので、医学的にもどうしていいかわからないのが、実情である。

そこで、ここで、ひとつの提案をしておきたいのである。

こういう場合、ボケた年寄りとボケない年寄りの生活パターン、考え方を比較、検討し、ボケない予防をするのが、一番確かな方法である。

この項は、主にアルツハイマー型痴呆、すなわち、現在、俗に「ボケ老人」と呼ばれる人たちの言動から、ボケに関する予防とその対策を述べていきたいと思う。

「いい年をして」がボケを生む

――老人らしくない老人になれ！

日本人は、大変に「常識」を大事にする。

逆にいえば、それは個性を尊重しないということである。全員「右へならえ」さえしておけば、安心だというのが日本人的思考形態の特徴でもある。

それは「老人」に対しても、同様である。

老人は老人らしく、縁側でおとなしくお茶を飲み、スポーツはゲートボールをたしなむ以外は「地味」な生活をしていればいい。それを少しでもはずれると、「年がいもなく」とか「いい年をして」と非難され、それに対抗する術もなく、肩身の狭い思いをして生きていかなければならない「世間」という代物――。

こうした社会構造そのものが、実は「ボケ」を生み、激増させているのだという ことを誰も気がついていない。

さらに悪いことは、いったんボケが出ると、臭《くさ》い物にフタをする風土がそれに輪をかけ、やはり老人は見えないところへと追いやられてしまう。行き場を失った初期のボケ老人たちが、ボケをもっと悪化させるのは、そうした理由からだ。

欧米の場合、老人たちのパワーはその地域の中心になっている。原色のシャツを着、自由気ままに生きている。彼らは自分たちが若かった時から、ああいう老人になりたいと思って生きてきたし、それなりの力も与えられていた。

これからの社会は、老人だからといって、社会の隅にひっそりと暮らす時代ではない。むしろ、老いを楽しみ、家族の長として、地域の知識人として、人生の豊かな経験者として、生きていくべきだ。

だから、私たちは絶対にボケてはいけない。ボケて社会の片隅で人生の最後を送るなどというのは、真っ平御免である。

そのためには、どうしたらいいか。ボケの正体とは何か、どんな人がボケやすいのか、ボケないためにいま何をすべきかについて、これまで私が接し、治療してきた数えきれないほどのアルツハイマー型痴呆、すなわち、「ボケ老人」たちの言動から、以下、その傾向と対策を細かく分析していこうと思う。

21世紀に日本の病院のベッドは、すべてボケ老人に占領される！

西暦2015年になると、ボケ老人の数は確実に200万人を超す。

200万人——これは日本の全病院のいまある総ベッド数と同じ数。つまり、いまから約20年後には、日本の全病院のすべてのベッドが、なんとボケた老人で占領されてしまうということになるのだ。

これは、実に大変なことである。

「そんな心配することなんかないよ、そのうちに、ボケの特効薬ができるさ」と案外、楽観視する人もいるが、残念ながら、それは期待できそうもない。老人病の専門医である医者の私がいっているのだから、間違いはない。

なぜ特効薬ができないかというと、この病気が、これまで地球上に一度も現れたことのない「人類はじまって以来の病気」だからだ。

つまり、これまでの人間の寿命が短かった時代には、脳卒中によるボケ以外、老人ボケというものは少なかったからである。

老人ボケという「病気」は、人間そのものが、ここまで長寿になってはじめて体験した病気なのである。しかも、日本は世界でトップクラスの長寿国。それまで日本人が一生懸命学んできた欧米の医学も、ことボケに関しては他の外国諸国に先がけて、日本が先頭をきって研究しなければならないのだ。

それに、医学的に困ったことは、他の病気とちがって、老人ボケというのは、動物実験ができない。

ガンやエイズ、最近ではO－157などは、ネズミやウサギを使った研究によって、それなりの「何か」の成果を得ることはできる。研究をしていれば、いつの日にか、それこそ「特効薬」が生まれてくる可能性もあるのだが、この老人性痴呆に関しては、ほとんど実験ができない。

なぜなら、痴呆の研究実験のためには、しっかりとした前頭葉《ぜんとうよう》が必要なのにもかかわらず、動物で前頭葉を持っているのは、サルと人間しかいないのだから。

結論からいえば、ボケの研究は「謎《なぞ》」であり、いつ解明できるか、さっぱりわからないのである。一説によれば、ひとりの学者が一生かかって、ようやく実験用の老齢動物ひとつ作れるかどうかという。

こんな状況のなかで、私たちは21世紀を迎えた。

しかも、4人にひとりが65歳以上ということになるのだから、大変なことだと、最初にいったのだ。

たとえ、どんなに高齢社会になっても、前章で述べたように、みんなが健康であれば何も問題は起こらない。

しかし、突然、あなたがある日から寝たきりになり、ボケがはじまったとしたら、どうだろう。前述のように薬や医学に頼れない以上、それは演劇でいえば、「悲劇の幕あき」であり、スポーツでいえば、まだ薄暗い中で、ゴールのないマラソンがスタートしたようなものである。

悲劇の主人公はあなたではない。あなたはボケたまま、何もわからないのだから。マラソン選手も、ボケたあなたではない。あなたはただボーッとしていればいい。あなたをかついで走るのは、あなたの配偶者や子供たちである。

ひと昔前までは、3世代同居で、子供や孫の数も多く、寝たきり老人の世話をする手に困ることはなかったし、第一、寿命が短かったから、ボケて人の迷惑をかけることもなかった。つまり、おじいちゃんもおばあちゃんも70歳まで生きなかったのである。

古稀《こき》、つまり70歳が稀《まれ》だったのだから。

ところが、昔と比べて30年も長く平均寿命が延び、さらに医療の発達で介護期間も延びると、介護する配偶者や子供たちも30年は年をとるだろう。

寝たきり老人を老人が介護するという現象は、決してめずらしくないのだ。

長年にわたって大変に疲れ、淡々と根気よく続けなければならない老人の介護。やがていつかゴールが来るが、それは死であり、祝福の待つゴールではない。

あなたが、万一、ボケたら、あなたの家族は間違いなく困惑し、ひどい時にはあなたを呪《のろ》うだろう。

そして、「お父さん、しっかりしてよ！」「お母さん、何やってるの？　馬鹿じゃないの？」などと罵《ののし》り、怒り、何もわからなくなったあなたを「情けない！」と思うに決まっている。

あなたが「これまで何十年も子供のためにどれほど頑張ってきたか」などとどんなに思っていようと、そんなことは、あなたがボケてしまった瞬間にすべて消え去る。

誰もが親に対する感謝の念など、まったくなくなり、極端なことをいえば、「早く死んでほしい」とさえ思われてしまうのが、このボケである。

こうした暗く、つらい、しかもゴールのない「ボケ」のレースには、誰だって参加したくはないだろう。まして、家族に参加させたくないだろう。

もし、あなたがボケずに一生を送れたら、どれだけ、配偶者や子供たちに感謝されるだろうか。

「うちのおじいちゃん、死ぬまでボケることなかったわよ」

「いいわねえ、うちなんか、徘徊《はいかい》はするし、わけのわからないことをいい出すし、大変なの……早く死んでくれないかしら……」

「どこか、施設に入れちゃえば」

「それがね、病気じゃないから、入れてくれないのよ、いいとこ知らない？　山の奥でもいいんだけど……」

まさに姥捨山《おばすてやま》だ。しかし、こんなひどい会話が決して悲惨に感じられないのが、21世紀だといっていいだろう。

だったら、これから老齢に突入するあなたは、決してボケてはならない。逆にいえば、ボケないだけで、家族や子供から感謝されるのだから、考えてみれば簡単なこと。

ボケない、ただそれだけで、子孝行――。

いまから、ボケないために、どんなことをしたらいいのかを実例をあげながら、説明していく。

私と一緒に、ボケ予防について考えていく気になっただろうか。

2年前に妹が死んだことも忘れた姉

あれは、いつのことだったか。数年前、桜が咲きはじめた頃のことだった。私の病院に、品のいいおばあちゃんが入院してきた。一通りの検査の結果、胃と大腸にポリープができていることがわかったが、良性だから、特に手術もしない方向で考えることにして、しばらく入院して、他の病気がないか詳しく調べることにした。

伊藤さんというこのおばあちゃん、年は70をすでに超えてはいたが、その清楚《せいそ》な振る舞いは好感が持てた。何でもお父さんは外交官だったとかで、いまでいう帰国子女だったらしい。それに、言葉づかいもていねいで、さすが元令嬢の教養すら感じさせた。

ある時、その伊藤さんがめずらしく私を病室に呼んだ。

「先生、こんな話をして大変恐縮でございますが、実は、私、どうしても死ぬわけにはまいりませんの。どうか、先生のお力で治していただけませんか？」

「死ねない？」

「ええ、私、主人を早くに亡くしたものですから、いま68の妹とふたりきりで田園調布で暮らしているんでございますが、その妹が病気がちで、寝たきりの毎日なのです。ええ、もちろん、家政婦さんにお願いして来てはもらっているんでございますが、私が先に死ぬようなことがございますと……」

そういうと、伊藤さんのおばあちゃんは、ハンカチを取り出して、涙を拭《ぬぐ》った。

「大丈夫ですよ、伊藤さん、あなたの病気は死ぬような病気じゃないから。半月もあれば退院できるからね」

私はそう慰める以外に、方法がなかった。

それからしばらくして、伊藤さんの親戚《しんせき》だと名乗るお嬢さんが見えたので、病状を説明してあげた。

「胃のポリープの方は、そのままほっといて大丈夫でしょう。大腸の方はもう一度、検査をしてみます。でも、たいしたことはありませんから」

「ありがとうございます」

「ところで、伊藤さんが大変心配していましたけど、妹さんの方は大丈夫ですか？」

「妹？」

「伊藤さんの妹さん、伊藤さんと一緒に住んでる68になる妹さん、寝たきりだという」

「え、亡くなりましたけど？」

　私は驚いた。

「亡くなった？　いつ？」

「もう2年ぐらい前になりますけど……。たしか来月が三回忌だと思います」

「じゃ、伊藤さんが入院してくる前？」

「ええ、ずっと前ですよ……何か？」

　私は驚いて、おばあちゃんの病室へ飛んでいった。

「おばあちゃん、妹さんのことなんだけどね」

「どうなさったのですか、先生、そんなにあわてられて……」

「伊藤さん、よく聞いて。あなたは妹さんが寝たきりだから、死ぬわけにいかないっていったよね」

「ええ、そうなんです。私が先に死ぬわけにはいかないんです。妹が不憫《ふびん》で……」

「それなんだけど、妹さんは、だいぶ前に亡くなっているんじゃないですか？」

私がベッドの伊藤さんの顔をのぞきこむようにそういうと、おばあちゃんは真顔で、

「え、先生、いつですか。妹が死んだというのは、本当ですか」

と驚いている。私はこの瞬間、この人の脳に完全な空洞があることを実感した。

「本当ですか」

と聞く顔が真に迫っていればいるほど、ボケの実態を見たような気がした。親類のお嬢さんの話によれば、法事も滞りなく済み、もちろん、伊藤さんも喪主で出席していたという。

私との会話にも、ふだんの仕草にも何の不自由なところがなく、話題も教養にあふれ、私に同情までさせたしっかりものの伊藤さんの「脳」に、ポッカリと空洞があいていて、しかも、専門の医者である私がそれを見落としてしまった……。

私は、この伊藤さんと知り合った時から、ボケのあらゆるケースを研究しはじめたといっても過言ではない。

どんな職業の人がボケやすいのか、どんな性格の人がボケる可能性が高いか、ボケやすい家庭環境というのは……。

いま、こうして書いていても、あの「先生、いつですか。妹が死んだというのは、

本当ですか」といった伊藤さんの真顔が浮かんでくる。

どういう状態をボケというか

老人ボケ。正式には、老人性痴呆という。

その原因は大きくわけて二つあると前にも書いたが、もう少し詳しく書く。

ひとつは、患者が脳卒中で倒れるなどして、脳そのものがダメージを受けたために起こる脳血管性痴呆で、これは理屈で理解しやすい。

ところが、もうひとつは、これという病気もないのに、いつとはなく変なことをいい出したり、おかしな行動をとったりする。「なぜ、こんなふうになるの？」とたずねたくなるような病気だ。

しかし、残念ながら、医者にもなぜ、こんなことが起こるのか、わかっていない。極論をいえば、まるでゼンマイ仕掛けのおもちゃが一瞬にして壊れたかのようで、よく子供たちがいうように「おばあちゃんが壊れた」のだから、医者だって、手のほどこしようがない。

ただ、これだけはわかっていることだが、ボケというのは、進行性の病気だということだ。初期のうちは、物忘れが激しいとか、「ああ、とうとうボケはじめたか」などと冗談をいえる程度だったものが、放っておくと、次第に悪化し、完全なボケ状態に移行してしまう。そこは暗黒の世界だ。

こうなると、もう二度と以前のような状態に戻ることはない。これが怖いのである。

だから、医者は、何とかボケの進行を食い止めることはできても、基本的に治すことまでできないのが現状だ。

では、このボケがはじまったという「発見」は、いったいどんな状況の時にわかるのであろうか。

第一の特徴は、「粗大なる記憶障害」である。

単純な物忘れや置き忘れとちがって、自分がした体験自体をすぐに忘れてしまう。たとえば、夕食を久しぶりに家族団欒《だんらん》のうちに終了したのに、「夕食を食べた」ことを数分後に忘れてしまい、「晩ごはんはまだだ」といい、困らされるパターンだ。

同じように、入浴してもすぐに忘れて何回も風呂に入る人もいる。

私の知人がこれだった。黙っていれば、風呂がわいてなくても入浴しようとする。説明してもわからない。しかたなく、風呂場に鍵をかけたが、ある日、裏からまわって水風呂に入っていたという。

こういう事態が起こったら、ボケがはじまったといっていい。

第二の特徴は、「失見当識《しっけんとうしき》」。いまが何月何日なのか、春なのか夏なのか、さらには人物に対して、誰なのかわからなくなる。自分の子供に「あんた、見たことあるけれど、誰だったかね」といったり、自分の息子の嫁を自分の妻と間違えたりする。

こうした状態になると、もう確実にボケは進行していると考えていいだろう。

ボケの症状を理解するのには、「記憶の断片が脳から離れる」と考えればいい。人間は無意識のうちに脳のなかに無数に「記憶」というものを塗りこめている。それが、まるで壁に塗ったペンキが古くなって浮き上がった時のように、パラパラとはがれて落ちていくのだ。

下の方に塗りこめられた子供の頃の記憶は、あまりはがれないが、最近の記憶はすぐに落ちてしまう。だから、「ごはん、食べたかね」ということになるのだ。これが、第一の「粗大なる記憶障害」。

もうひとつは、人間はわざわざ記憶しようとしなくても、自然に記憶していることがある。たとえば、いまは春だとか、秋だとかなどということは、いちいち「春だぞ、しっかりと覚えておけよ」なんて思わなくても、人は覚えている。また、パンティを最初にはいてから、その上にスカートをはくなんてことは、いちいち「どっちが先だっけ」なんて考えることもない。

そうした「見当識」が失われるのが、第二の特徴である。

考えてみると、脳の病気でもないかぎり、普通の状態では絶対に起きないであろう症状である。それが、あなたの老後の「ある日」、突然、起こるかもしれないとしたら、そして、そのために家族に何年もの間、つらい思いをさせるとしたら、ボケないための努力は絶対にしておかなければならないのである。

悪妻は、亭主をボケから救う

長い間、老人を相手の医療、それも痴呆を中心とした治療を続けていると、ボケに関して、ある「経験則」が生まれてくる。

つまり、「どんな人がボケやすいのか」、「どんな家庭環境がボケを生むのか」、「ボケやすい職業はあるのか」などが、わかってくるのである。そして、それがなぜボケにつながったのかさえわかれば、「ボケないためには何をしたらよいのか」

が見えてくるというわけだ。

では、どんな人がボケやすいのか。

いろいろなタイプがあるが、家庭環境からみていくと一番多いのは、「やさしい家族に囲まれたおじいちゃん、おばあちゃん」である。

出来のいい息子、賢い嫁、かわいい孫に囲まれた、これ以上ない幸福な家庭から、意外にもボケの花が咲く。

私の病院にもう5年もボケて入院しているTさんは、若い頃から横浜で貿易商を営んでいたが、円高ブームで四苦八苦。65歳になったのをきっかけに、一流大学の経済学部を出た婿養子に社長職を譲り、隠居生活に入った。

「おとうちゃん、御苦労さまでした。これからは、私たちが面倒をみますから、おかあちゃんと安心して楽しい老後を送ってください」

娘夫婦にそういわれ、財産まですべて渡し、楽しい老後が約束されていた。奥さんもやさしい人で、朝、散歩に出かける服装から、食前食後の薬の手配まで、以前通り、すべて完璧《かんぺき》で何不自由なく、過ごしていた。

長い経営生活から解き放たれたこともあるが、Tさんの老後はまるで絵に描いたようにバラ色であった。

ところが、それから2年後、Tさんは完全にボケていた。

原因は奥さんにあった。あまりにも昔気質《むかしかたぎ》の貞淑な妻だった奥さんは、リタイアしたTさんのために、ふだんできなかった「世話」を徹底的にしたからである。Tさんが何もいわないのに、お茶を用意したり、外出しそうだなと思えば、下着からシャツ、スーツまで一式、すぐに着られるように並べた。

まさに、典型的な良妻だったのである。そのため、Tさんにはやることがまったくなくなってしまった。会社のことは婿養子がすべて順調にやっているし、家庭のことは、奥さんが完璧にこなす。唯一の話し相手だった孫も、中学生になると、友だちと遊ぶようになり、家にいることが少なくなった。

一番いけなかったのは、等価交換で建てた新築のマンションだった。

自分の土地を提供した代償に、大きなマンションの最上階ワンフロアに住むことになったTさん、新しい自分の部屋でぼんやりと過ごす日が多くなった。

ある日、Tさんはあたりを見回していたが、突然、「家に帰る」といい出した。あわてた奥さんが「ここはあなたの家ですよ」というが、Tさんは「俺の家は木造だ。ここはホテルじゃないか」といい出してきかなくなったのだという。

完全な「失見当識」の症状だった。

いま、奥さんは心から反省している。先日、見舞いに来た時、私にこういった。

「先生、苦労してここまで築きあげてきたあの人に、もっともっとがんばれって声援をしてあげればよかったんですね。人間、疲れたからって、休ませてあげればいいというのは本当のやさしさではないのかもしれませんね」

やさしさは、ことボケに関しては、凶器になる可能性もあるということかもしれない。

「働け！　働け！　死ぬまで働け！　金稼いで来い、どんどん使ってやるから」

Tさんの奥さんがこんな悪妻だったら、Tさんはボケることなく、意外にも楽しい一生を送ったのかもしれない。

女房が死ぬと、男はボケる

ボケで一番多いパターンのひとつが、「環境の変化」である。

長く住んでいた家を改築するとか、骨折などが原因で長期で入院するとか、いつも世話をしてくれていた人が突然いなくなるとか、そうした老人の急激な身のまわりの変化は、間違いなく人をボケに進ませる。

吉永さんの場合もそうだった。

私の母の知人だが、現在77歳。長い間、教員生活を続け、同じ教員だったひとつ年下の奥さんと、ふたり暮らしをしていたが、2年ほど前、その奥さんをガンで亡くしてしまった。

それまでは、国語の先生だったという気丈な奥さんに支えられて、Tさんと同じように3度の食事から服装の世話まで全部「おばあちゃんまかせ」であったが、その奥さんの死によって、突然、身のまわりに激しい環境の変化が生まれたのであった。

食事をするのにも、料理もできない。誰かが集金に来ても、どこに何があるのかわからない。まして、洗濯などできるわけもない。

長男の嫁が来てくれているうちはまだよかった。そのうちに、「お父さんをひとりにさせておいてはかわいそうだ」ということになり、お決まりの子供たちによる善意の「たらいまわし」がはじまった。

「お父さん、ひとり暮らしは大変だし、私たちと一緒に住みましょう」

次男の嫁がそういった。

それまでは、吉永さんの奥さんは教育者だけあって、「これからの老人は自立しなければいけない」「絶対、子供の世話にはなるまい」と心に決めて、ふたりでがんばっていたのだが、奥さんの死は、そうした吉永さんに緊張の糸を切らせてしまった。

まず、長男の家に1年、そして、次男の都心の賃貸マンションに住むことになって3カ月後、何もすることがなくなった吉永さんは順調にボケていった。それもしかたがない。それまで庭いじりが好きだった吉永さんも、次男のマンションでは庭すらもない。毎日、コンクリートで囲まれた小さな部屋で、テレビを見ているだけの吉永さんに、生きる「意欲」が生まれるわけもない。

時々、元気になるのは、孫に算数を教えることだけだったが、そのうち、孫も嫌がって勉強をしなくなった。

いまでは、吉永さんは息子たちの顔もまったくわからない。ただ、死んだ奥さんが買物に出かけていって、まだ戻ってこないことだけを心配している。

「すいませんが、うちの奥さん、知りませんか。ここで待ってるようにいわれたんですがまだ戻ってこないんです……うちの奥さん、知りませんか……」

そういっては、次男夫婦を困らせる。

「何いってるんだよ、親父、俺だよ、俺！」

もし、あなたが老後に、先に伴侶を亡くしたら、できるだけ前と同じ場所で暮らせるようにすること。なぜなら、先に述べたように、古い記憶を蘇《よみがえ》らせるためにも、傷ついた柱や、見慣れた風景、そして何より、昔からの隣人たちの笑顔が必要なのだ。そうした記憶がなくなると何もかも知らない風景のなかで、ある日、突然、「ここはどこだ？」となってしまうのだから。

しかも、一番長い間、一緒に暮らしていた伴侶の死は、そうした記憶をつなぐ糸がプツンと切れたのも同然なのだ。

まだ若いあなたにはいまからは想像がつかないかもしれないが、年をとると環境の変化にはなかなかついていけないものだということを、肝に銘じておいてほしい。

それでなくても、伴侶を亡くした老人は、その失望から、生きる望みを断たれ、もうボケるしかないガケっぷちに立たされているようなものなのだから。

学校の先生、公務員は気をつけて！

配偶者の死、特に奥さんを亡くした夫がボケやすい。

先の母の知人の場合、ボケてしまったのは、奥さんの死がきっかけだが、実はもうひとつ「要因」がある。

それは、彼の「職業」である。吉永さんは、長い間、学校の先生だった。これが、ボケの遠因になったかもしれないのだ。

先生という職業は「頭を使う仕事だから、ボケない」という定説があるが、これはまったくの間違いで、私たち医者の世界では、「学者や教師は、ボケやすい」というのが、むしろ通説になっている。

えっ、先生がボケる？　そんな馬鹿な……。

その話をすると、たいがいの人が驚く。しかし、事実である。私の病院にも元有名高校の校長先生、教頭先生、医学博士、経済学の権威……そんな経歴の人たちがボケてたくさん入院してきた。

でも、なぜ、そんな聡明《そうめい》な人がボケるのだろうか。

簡単な理屈である。そういう頭のいい人たちは、過去にはたしかに学校や研究室で「頭を使っていた」かもしれないが、それにはボケないために必要な「意欲」が伴っていなかったからである。

「意欲」――これがボケ予防には、一番大切なのだ。

学者といっても、いつも研究をしているわけではない。もう定年近くになれば、毎年、論文を書き続けたり、新しい発見をしたりすることはあまりないだろう。まして、学校の先生にいたっては、それが顕著で、毎年生徒こそ変わるが、教室では同じことを教えているにすぎない。

もう少し細かくいえば、人文科学の先生、つまり国語、歴史、地理などの先生は間違いなく将来ボケやすい、といっていいだろう。逆に理科や音楽、美術の先生は、実験を繰り返したり、楽器を演奏したり、絵を描いたりするといった、「意欲」がないとできない仕事だから、ボケないかもしれない。

おおむね、教師の場合、ボケがはじまるのは定年後のこと。それもだいたい校長や教頭を勇退してから、と思っていいだろう。

ただ学者であるとか、学校の先生だったというだけのことで、定年になったからといって何か研究をするわけでもない。

「あっ、先生、おはようございます」

などと通りすがりに声をかけられて、昔の教え子の成長に目を細めているだけでは、ボケ一直線になってもしかたがないと思う。

その教師よりも、もっとボケる可能性がある職業がある。

それは、公務員である。

私の病院にも、たくさんの元公務員がボケて入院している。

私の患者だから、あえて名前を出すわけにもいかないが、仮にNさんとしておくと、彼の元の勤務先は市役所の総務課。

奥さんに聞くと、地元の高校を卒業してすぐに市役所に入り、まじめに40年間つとめあげたという。

定年になって、しばらくは図書館に通ったりしていたが、そのうち、犬の散歩ぐらいしか家を出ることはなくなった。老人会にも誘われたが、もともと、真面目な人だけに、何をやるにもきっちりとしていないと気がすまないため、地域の人たちとうまくいかなくなりやめてしまったという。

「老人会の会計をやってもらったんだけどさ、いちいちうるさいんだ。領収書がないと認めないとかさ、こっちは別にウソなんかついてないのにさ……」

老人会に急に行かなくなったものだから、不思議に思った奥さんが聞くと、近所のおじいちゃんが、そう説明してくれたそうだ。

公務員は、「親方日の丸」だから、どんな状況がやってきても、ただ働いていさえすれば大丈夫。上からいわれたことだけをやっていればいい。だとすれば、Nさんの場合も、長い公務員生活を通して、「労働意欲」を完全に失っていたのかもしれない。

そして、「大過なく、つつがなく」定年を迎えたわけだから、あとはボケ一直線。しかも、性格が几帳面《きちようめん》ときているから、こういう人は完全に危ないのだ。

Nさんも吉永さんも、定年後、毎日毎日、アイデアをしぼり、地域の人たちに何ができるかを考え続けるようであれば、やるべきアイデアがたくさん生まれ、それを実行することによって、仲間も増え、きっといまの悲劇はなかったかもしれない。

今度のお祭りに老人会として阿波《あわ》踊りのようなものをやろう――。

毎朝、公園の掃除を順番にやろう――。

有名なお医者さんを頼んで講演会をやろう、カラオケ大会をやろう――。

いきなりアイデアを出せといわれてもむずかしいかもしれないが、やはり、ふだんからそうしたクリエイティブな発想を鍛《きた》えておくことが重要なのである。

いま、教師や公務員のあなた、本気で老後の地域の人たちとの交流をいまから考えていた方がいい。そのままでいるとかなりの確率で、ボケるからである。

手を使っていても、寿司屋も、板前もボケる！

ボケに関する定説のひとつに、先の「頭を使う人はボケない」というのがあるが、もうひとつ、「手を動かしているとボケない」というのがある。

一見、手を動かしていると、刺激になって、ボケないように思われるが、私にいわせれば、これもまったく根拠がない。

実際、私の病院には次から次へとそうしたボケた元職人がやってくる。魚河岸で有名だったSさんも、湘南《しようなん》地方で一流と呼ばれた中華料理の「鉄人」Wさん、寿司屋のがんこ親父Eさんも、みんな手に職をつけ、若い頃羽振りがよかったのに、いまはボケて、寝たきりになってしまった。

どうして、こんな粋《いき》でいなせな元「いい男」たちが、ボケてしまったのだろうか。

この人たちのここまでの経過を調べてみると、ひとつの共通点があった。彼らが「自分の腕に自信がなくなった」時が、ボケの出発点だったのだ。

ある時まで、自分の腕、それこそ包丁一本で店を切り回し、好きな材料を選び、うまいものを客に出していたのだが、客筋の変化、材料費の高騰、客の好みの洋風化などに合わせようと、努力しはじめた時からおかしくなってきたように思える。

横浜で長く続く寿司屋のEさん、地元ではがんこ親父で有名だったのに、突然ボケはじめ、いまでは息子に店をまかせているものの、ふらふら店に現れては息子に罵倒《ばとう》され、迎えにきた奥さんに連れられて、家に戻る始末だという。

私の病院に来たついでに奥さんから話を聞いてみると、こうだった。

昔からの場所で、ずっと寿司屋をやっていたが、近所に新しい寿司屋ができはじめ、それでも常連を相手に寿司を握っていたが、客も高齢化したために、あまり店には現れないようになった。

何とか、他の店に負けまいと、いろいろ考えたあげく、カリフォルニア巻やアボカド巻などをはじめたが、うまくいくわけがない。結果、その頃、ちょうど修業から帰ってきた長男に店をまかせることにした。

息子が握りやすいようにシャリを用意したり、あがりを準備したり、目を細めながら息子の手伝いをしはじめたのが、ボケのはじまりだった……という。

「親父さんはいいねえ……いい息子を持って……」

などと客にいわれて、ニコニコしていたのがいけない。

女や子供でもできる、皿洗いやお茶くみばかり続けているうちに、ボケがはじまり、お客にお茶さえ出せなくなった。

「何、やってんだよ、親父！」

子供には罵倒され、次第に元気がなくなっていったという。

「先生、あの人は、『俺は手を使っているから、ボケやしないよ』なんていってましたけど、ボケたのはなぜなんでしょうね」

奥さんは私にそうたずねてきたが、もうその時は遅かった。

私にいわせれば、Eさんは息子に店を手渡した段階で、もうボケに対する予防を怠ったからだ。どこかでそれまで持っていた「自信」と「意欲」を失い、先の人生への夢がなくなったのである。

「クソ！　まだ若いモンなんかに任せられるか！」

せめて、そう思っていたら、Eさんはボケることなどなかっただろうと思う。

「手を使うから、ボケない」というのが、まったくウソであることが、これでよくわかったことと思う。

ボケると過去の秘密がわかる！

渡辺さん、80歳。内臓疾患のために入院してきたが、この人、非常に疑《うたぐ》り深い。

そのため、よく看護婦が泣かされては、院長室へ飛んできた。

「先生、ひどいんです。あの渡辺さん。君は本当に看護婦か、看護婦なら証明書を見せろってきかないです」

「渡辺さん？　ああ、あのおじいちゃん……そういう時は、適当にあいづちを打っておけばいいんだよ」

「ええ、でも『おじいちゃん、はい、検温しましょ』なんていっても、『ごまかすな、お前はスパイだろう。白状しろ』って、腕を強くつかんで放さないんです。先生、何とかいってあげてください」

看護婦があまりにも真剣なので、私は受話器を取り、さっそく渡辺さんの家族と連絡をとって、奥さんから事情を聞いた。どんなに、医者と患者がうまくやろうとしても、その患者の背景や家庭環境がわからなければ、コミュニケーションのとりようがないからだ。

それによると、渡辺さんの略歴はこうだ。

渡辺さんは、元二部上場企業のサラリーマン。営業を担当していたが、特に目立ったところもない。きわめて規則正しく、仕事も正確だったようで、定年の時は管理部の役員待遇だったという。しばらく子会社で活躍したが、そこも70歳で辞め、78歳の時にボケはじめたという。

「別に家で疑り深いなんてことはなかったですけど……」

家族の証言では、看護婦のいうような、そんな性格ではなかったという。

私は看護婦に、これからは証明書を見せるように、と指示をしておいたが、こうした疑り深い人が、ボケた人のなかにはかなりいると思って間違いがない。

疑り深い人と似ているケースが、ボケた人の「被害妄想」現象である。

入院していても、何を思ったか「この部屋に泥棒がいる!」と叫び出し、持ってもいない「財布」を探す。私が行っても「あっ、泥棒!」と、まさに人を見たら「泥棒」扱いである。こういう時は、しかたがない。家族に話して、千円ほど入った財布を布団の下にでも入れておいてもらう。

そして、「ほら、ここにあったよ」といえば、それで安心するのである。

「もともと財布なんか持ってないでしょ」などといおうものなら、「持っていた、持ってきた」といい張るだけである。

こんな時、元警察官でボケた患者でも同室にいようものなら、大変である。

「何、泥棒!　わしが捕まえる」

などといって、夜中に病院じゅうを徘徊されては大迷惑だ。しかし、これが笑いごとですまされないところに、老人病院の悲惨さがある。

ケースワーカーに聞くと、こうした疑り深い人というのは、過去に人にだまされたことがあって、忘れていたはずなのに、それが突如フラッシュ・バックしてくるのだという。つまり、一度、手痛い目にあったことが、ある瞬間、閃光《せんこう》のようによみがえり、その時の悔しさから突然、別人のような行動を起こすのだそうだ。

やはり、「被害妄想」の一種だろう。

渡辺さんもそうだとすれば、昔、何かひどい目にあったのだろうか。

調べてみて驚いた。この人は戦争中、憲兵隊の本部に勤めていたのだ。しかも左翼思想弾圧の際、自らその逮捕に参加したのだった。

それは、家族が渡辺さんの実家まで聞き歩き、いま本家を守っている末の弟から聞いたという。

しかし、戦後、そのことをひた隠しにしてサラリーマンになり、誰にも知られずにここまでは来たが、ボケてはじめてその旧歴が明らかになった。

それから私は一考を案じ、軍医となって、渡辺さんの前に現れることにした。それによって、看護婦もまた「御国のための」従軍看護婦になるわけだから、相手は信じてくれるのである。

私が入っていくと、渡辺さんは敬礼をした。そんな元憲兵も、それからわずか数カ月でこの世を去った。しかし、いまでも、それまで50年も隠し通した過去のすさまじい時代の思い出を、ボケたことによって一瞬にして吐き出した渡辺さんの姿が忘れられない。

見方を変えると、ボケると人間はその人の本性を見せてくれるものかもしれない。あなたも、人には知られていない秘密を持って生きているとしたら、ボケはそうした秘密を簡単に人前で暴露してしまう。

それが怖いのだったら、いまから、どうしたらボケないか、真剣に考えた方がいい。

次に、どんな人がボケやすいか、書いてみよう。

休みをうまく使えない人はボケやすい

いまや、ほとんどの企業が週休二日制をとっている。

しかし、その休みを有効に使っているかと思えば、ほとんどの人が上手に使いこなしていないというのが、実情のようだ。

土曜日が休みなのをいいことに、前の晩、遅くまでカラオケで歌いまくり、午前様で帰宅。翌朝は二日酔いで昼すぎまで寝ている。翌日曜日もその疲れからか、1日中ゴロゴロ家のなかで過ごしている。そんな人が、圧倒的に多いのではないだろうか。

サラリーマン社会でいえば、こういう無目的な休日を過ごすことに平気な社員は、将来ボケやすいと断言していいだろう。なぜなら、定年後はまちがいなく、毎日が日曜日なのだから。

毎日、起きたところで、やることはない。

そうなれば、規則正しい日課などないのだから、ボケーッと1日が終わってしまう。

それでは、ボケの張っている網のなかに、自分から向かっていくようなものである。

私の知人の斎藤さんは、それとは逆に、休みとなると、必ずゴルフ。だから、金曜日の夜は早く家に帰り、ゆっくりと静養。土曜の朝早く、仲間の家をまわり、ゴルフ場へ。

ワン・ラウンド・ハーフをまわり、仲間を送って帰宅すると、翌日に備えてまた静養。日曜日は、今度は自分が入会しているゴルフ場へひとりで行き、顔見知りのメンバーとプレイし、午後近所の練習場で再びレッスン。

まさに、「寝食ゴルフ」、つまり寝るか食べるか、ゴルフをしているかしかない休日を過ごしている。

何もしないでゴロゴロしている人に比べれば、これもいいかもしれない。だが、これだけゴルフをやっていればボケないという理屈も成り立たない。

なぜなら、80歳を過ぎたら、ゴルフもそうはできないからだ。たしかに、いまはうまくなろうとする「意欲」はボケに大いに役立つ。だが、健康を考えた時、あまりやりすぎると身体にもよくないし、ゴルフができなくなった時の失望感も心配だ。

「あーあ、ゴルフもやれないのか……」

そうなった時、ボケは確実に忍びよる。その人の生活から、一番大事なゴルフをとってしまうのだから、それこそ「脱《ぬ》け殻《がら》」だ。

やはり、適当な種類の趣味と、計画性を持った休日を過ごすようにいまから考えておくことも必要だろう。

病院に入れると、ボケる！

先日、私の病院に入院したFさんの家族が、こんな話をし出したのには驚いた。

「先生、うちのお父さん、先生の病院に入院させているから、ボケませんよね」

入院させたら、ボケない？

何という認識のなさだろう。いまでも、こういう人がいるとは驚きだ。

なぜなら、多くのボケ老人は、病院に入院したことで、ボケはじめているのだから。なぜ、入院がボケやすいのか。理屈は簡単である。

思い出がたくさん残る家庭とはちがって、病院というところは、同じような部屋がいくつもあり、ベッドが並び、夜になると真っ暗になって、物音ひとつしない。

ある意味では、冷たいただのコンクリートの空間である。医者や看護婦がいるから、病院であって、建物だけだったら、情緒などまったく感じられない無機質なスペースなのである。

こんなところに、勝手に入院させておいて、ボケが治るわけもないし、老人にボケないための「意欲」が生まれてくるわけもない。

病院というところは、病気を見つけ、治療するところ。もちろん、ボケも病気だが、一般の病院も老人病院もボケを対象としては作られていない。私の病院も基本的には同じことだ。ましてや、ボケは進行性の病気である。

私をはじめ、医者や看護婦が一生懸命努力して、ボケの進行を止めようとはするが、老人にとって一番いけない「環境の変化」「見知らぬ人ばかりの空間」さらに「真っ暗ななかの深夜の孤独」とマイナス要素がたくさんあっては、医者の努力も効果はない。

ここに入れておけばいいと考え、しかもひと月に1度くらいしか見舞いに来ない――それでいて、病院に入れてあるから大丈夫とは、笑止千万である。

話し相手もいない。刺激も少ない。動かない。こうした病院生活のなかで突如回路がプッツリと切れる老人の姿を私は何人も見ている。

あなたが真夜中の病院で、ふと目を覚ましたことを想像してごらんなさい。

一瞬、ここはどこだ、と思うだろう。上を見ても、コンクリート。ベッドのまわりには医療機械。そして、近くにうめき声。真っ暗な空間に、時々、カッ、カッと見回る足音しかしない……

年とったおばあちゃんが、恐怖感を感じないわけがない。

そして、必死で自分の過去を思い出そうとする。

「あたしの家は庭があって、柿《かき》の木があった。隣りは畑で、その向こうに鎮守の森が見えた……家のなかにはかまどがあって、煮物を煮ている。あっ、ここはどこだ、私はすぐに家に帰らなければいけない。こんなことをしていられない……」

これが、病院のベッドの上でボケた瞬間のおばあちゃんの頭のなかである。

そして、ナースコールをする。

「あのね、あたし、帰らなければいけないの。へっついに鍋《なべ》をかけたまま出てきちゃったの。家に帰るの。人力車を呼んで！」

看護婦は、この瞬間に、それまで何でもなかったおばあちゃんの頭に空洞ができたことを知るのだ。

特に、骨折はいけない。なぜなら、骨折は治るのに時間がかかるからである。動くに動けないし、老人でなくともすごいストレスがかかる。それが、やがてボケを誘発する。

万一、骨折によってあなたの家族が入院したら、いつこんな状態になってしまうかわからない。怖いのは、こうなったら、ボケは何を叱《しか》ろうが、進行してしまうからである。だから、家族は毎日のように代わる代わる顔を見せる努力をしないと、ボケてしまうと口を酸っぱくしていっているのだ。

「病院に入れたから、心配でしかたがありません」

これが老人に対する真の思いやりではないだろうか。

ボケ老人に、真面目に怒るな!

いま、ほんの少し前にあったことや、いったことを忘れるのがボケ。

そんな症状が出てきたおじいちゃんやおばあちゃんに対して、家族はどうしたらいいのだろうか。

家族に一番大切なことは「ボケる前の人格を期待するな」ということだ。

ボケてしまったら、自分のやったことすら理解できないのだから、根本的に「人格の崩れ」が起きている。人格が崩れる——つまり、それまでの人格はなく、そこには別人がいると思った方がいいのだ。

「そんなこと無理だ」と反論する人もいると思うが、ボケには論理などない。

あなたの母親が、いま、ごはんを食べたばかりなのに、「ごはんはまだか」といったとしよう。そういった老人の頭のなかはどうなっているのか、想像すると結論は簡単だ。

なぜ、「ごはんはまだか」というのか。それは「ああ、おなかがすいた。ごはんが食べたい」と思っているからだ。そうだろう。

そこまでわかっているのに、なぜ、あなたは、ボケたあなたの母親を怒るのだろうか。もし、別人だったら、「あれ、いま食べたばかりなのに、変な人だな。でもこの人、まだおなかがすいているのかもしれない」と思うだろう。

それが、自分の母親だと思うから、「何、いってるんだ！　食べたばかりじゃないか」と真面目に叱ってしまうのである。介護する側が真面目に答えれば、答えるほど、ボケは進行する。

つまり、あなたの母親は「ああ、この人は誰だろう、こんなに怖い顔をして」ということだけが頭に浮かんで、あなたが息子だろうが、娘だろうが、ただの怖い人ということになってしまう。

こんな時は、どうするか。

先の別人に対する優しさで、「食べたいの？　すぐに用意するからね。とりあえず、これでも食べてて」と、ミカンやリンゴひと切れをあげればすむのである。これができるか、できないか。ボケの介護の重要なポイントである。

失禁についても同じである。

老人は尿意を感じてもトイレに行くまでの間に間に合わなくなってしまうことが、よくある。しかし、ここでも、おもらしを叱っては絶対にいけない。

なぜなら、下の問題だけに、「しまった！」という気持ちが余計に強いからである。

しかも、自分の失敗を後悔しているだけでなく、その上に叱られることによって、老人の人格が傷つけられ、それによってプライドや意欲もなくなってしまう。

「ああ、私はもうダメだ。赤ん坊のように何もできない。おしっこもうまくできない。生きていてもしかたがない。子供があんなに怒ってる。情けない。悔しい。なんということだ……」

そして、ボケや病気のなかに、逃げ込み、何の意欲もない痴呆へとどんどん進んでいくのである。

ここで多くの老人のために、はっきりといっておく。

ボケや失禁は、どんなに叱っても絶対に治らない。それよりも叱れば叱るほど、むしろ悪化してしまう。

「おばあちゃんは昔のおばあちゃんではないのだ」

ということを、みんなで認識しておいてあげることが、進行性のボケを止める方法であることを、ここでわかってほしいと思う。

無趣味な人は、いまから趣味を見つけろ！

では、ボケないために、何をしたらいいのだろうか。

まず、あげたいのは「趣味」である。

ボケた人たちを見ていると、多くの人たちが「無趣味」だといっていい。逆にいえば、本格的な趣味を若い時から続けてきた人は、ボケる確率が少ないといえるわけである。

「おい、お前は、仕事が趣味だから、定年になったら何かやらないとボケるぞ」

「ああ、わかってる。定年になったら、ゆっくりと俳句でもやりますか」

こんな会話をよく耳にする。

「趣味がないと、定年後ボケる」ということは、何となくわかっているようだ。

しかし、問題は、いま持ってもいない趣味を定年になったからといって、はたしてできるものだろうか。特にこの人のいうように「俳句」などというものは、いきなり誰でもできる「趣味」ではないだろう。

単に五・七・五の句を作ればいいのだったら、それは定年後、自分の家でやっていればいい。しかし、それでは「趣味」とはいえない。きっと、自分で作った句を人に発表したくなる。それが「句会」というものだ。

先生も必要だろう。その席で恥ずかしくない句を作れるだろうか。定年後から、恥ずかしくない句を発表するための努力をできるのならいい。だが、現実的ではない。

それなら、いっそ、定年後をめざして、40代、50代から俳句をはじめた方がいいに決まっている。俳句というものは何も年をとってからやるものでもない。

仕事で出張の折、いろいろな風景、四季おりおりの光景に出会うたび、その瞬間を17文字に託す訓練をいまからしておく方が、定年後、ボケ防止のために「はい、俳句をはじめましょう」というのより、よほど素晴らしい。

凡人は急には俳人になれない、のである。

パソコンはボケ予防になるか？

いま、パソコン売場に中年のサラリーマンを多く見かける。

みんな、売場にやって来たものの、何をどうしていいのかわからないまま、ただぼんやりと商品を眺めている。

買いたいのだろう。必要なのだろう。だが、何をするために買いたいのか、どんな仕事をするために必要なのか、わからないまま、ただ買わないと置いていかれるという恐怖心から、売場にやってきている人が多いようだ。

「あの、パソコン買いたいんだけど……」

「はい、いろいろありますが……」

「…………」

「何にお使いですか」

「…………」

店員とのやりとりも、うまくいかない。何がウインドウズで、何がマックかわからないし、ソフトがどうのといわれても、判断する基準すらない。これが、圧倒的に多いのではないだろうか。

仕事にパソコンを使うのはたしかに便利かもしれない。しかし、私はここでビジネス書を書いているのではない。いま流行の「パソコン選び」や「超勉強法」を教えるのでもない。

パソコンがボケ予防に役に立つか、どうか——。その一点に関して、書いてみたい。

答えは簡単だ。

「パソコンをやっていれば、手と頭を使うからボケない」という考えで、パソコンをこれからやろうと思っている人がいたら、それは無理だからやめた方がいい。

初心者にとって、パソコンほどややこしい物はない。まず、どう動くのか、何に使えるのかそれを知ることからはじめなければいけない。

アクセスだのダブル・クリックだの、わからない単語ばかり。

電話で質問するのにも、

「画面、立ち上がってますか？」

「いえ、私は座ってます」

「環境設定はどうなっていますか？」

「四畳半です」

などというとんちんかんな答えをしているようでは、ボケ防止になりっこない。

こんなむずかしい機械を、ボケないためにという名目だけで、やれるわけがない。まわりに馬鹿にされて、結局は燃えないゴミになってしまうのがオチである。

これはワープロでも同じことがいえる。それでなくても、記憶が衰えてくるのに、新しいものを覚えるのは、大変な努力が必要なのだ。

ワープロやパソコンは、できる方がいいか、できない方がいいかといえば、それはできる方がボケ予防にはなる。しかし、ボケ予防のために、無理にパソコンをやることはないということをいいたいのだ。

好きでもない、確かな使用目的もないのに、「パソコンを買うのはやめなさい」と私はいっておきたい。

カラオケは最高のボケ防止

ボケ予防に何をしたらいいか、むずかしく考えることはない。

いまからでもやれ、年をとってからもできることで、あなたが好きな趣味を、ずっと続けていけばいいことである。

たとえば、カラオケ。うまい下手はこの際別にして、カラオケは日本のいままでのコミュニケーションのなかで、一大革命だったし、いまや日本の文化にすらなったと思う。

カラオケを通して、どれだけの人が人間関係を円滑にしたか、さらにいえば自己改革をとげたか、想像できないほどだ。

私の知人の舟橋さんもそうだ。どちらかというと、引っ込み思案で、私と会っても、あまり積極的に話さない人だったが、いつ覚えたのか、カラオケに夢中になり、一緒に酒場などに行くと、もうマイクを持つ手を放さない。

舟橋さん、カラオケの歌で相当自信をつけたのか、最近では別人のように、イキイキとしている。そういう意味からも、カラオケ文化が果たした役割は大きいと思う。

ちょっと皮肉な観点からみれば、カラオケにあんなに夢中になれるということは、それまであまり夢中になれる趣味がなかったということを象徴しているが、それだけにその効果は大きいといわざるを得ない。

医者の立場からいわせてもらえれば、深夜まで酒を飲むということを除外すれば、カラオケは大賛成。特にボケ予防には最高の予防策だといっていいだろう。

あれだけ、人それぞれに自己表現ができ、さらに客に拍手される場を持つという感覚は凡人にはなかなか味わえない。カラオケがなく、陰にこもって酒を飲んでいる図と比較したら、月とスッポン、雲泥の差である。

しかも、ボケにとってさらにいいのは、カラオケが酒の席だけでなく、家庭に持ち込まれたことだ。自分ひとりの楽しみでなく、家族みんなの楽しみが生まれたということは、末永く楽しめるという利点も含めて、ボケ防止のための二重丸作戦だといえよう。

いま、舟橋さんのように、カラオケが趣味の人がいたら、ぜひ続けてほしい。それもできれば、ナツメロをやめて、新曲を次々とマスターしてもらいたい。新しい曲というのは人があまり歌わないこともあって、人からたくさんの拍手をもらえるし、歌いがいもあるというもの。

特に、最近の歌は、少しむずかしい部分もあるので、そうした難曲に挑戦する「意欲」こそ、あなたをボケから守ることを忘れずに。

目立ちたい、人にほめられたい――。

これがまた、ボケ予防の特効薬なのである。

競輪、競馬、徹夜麻雀、みんなボケ予防になる

私の父は大の競馬好きである。

今年、82歳になるが、外国旅行に出かけていても、ダービーなどの大レースがあるとわざわざ帰ってくるくらいだから、かなりの熱の入れ方だ。

毎週末になると、競馬の予想紙を買っては、研究に入る。多少、穴党なのが気にはなるが、たいした金を賭《か》けるわけではないから、損をしてもたいしたことはない。

それよりも「推理」するということによって、結構な刺激になっているようで、頭の方はかなり明晰《めいせき》である。

それに、父はまた麻雀《マージャン》が好きである

時間があると、わざわざ藤沢まで電車に乗ってやってくる。そして、ニコニコしながら私をカモろうとするのである。私だって、父にしてやられることも多い。

てやろうと、必死で戦うが、結構、父にしてやられることも多い。

聞けば、父はかなり麻雀歴は長いようだ。

たしかに、父を見ていると、麻雀や競馬をやっていればボケないことがわかる。

麻雀というのは不思議なゲームで、何しろ、配られた牌《パイ》が1度たりとも同じことはない。だから1回1回、手作りを楽しめる。

それに4人でやるゲームだから、相手の手の内を予測するという楽しみもある。そこにはいろいろなかけひきがあるから、頭を使うには最高である。

中高年になったら、徹夜麻雀はやめた方がいいという医者がいるが、私は父親の徹夜麻雀に何度もつきあった経験から、その功罪をよく知っているので、自分の患者には禁止してはいない。

第一、毎日毎日、徹夜をするわけではないし、特に定年後は翌日、眠れるだけ眠ればいいのだ。それに、そのひと晩だけでそんなに健康状態がかわるものでもない。それよりも、麻雀をやらないで、ゆったりしている方がよっぽどボケになりやすい。

私の父のように、温泉に行ったら麻雀、友だちが訪ねてきたら麻雀という麻雀狂はボケ知らず。あなたも本気で麻雀に取り組んでみたらどうだろう。

これもボケ防止のためだということは間違いがないのだから。

デパートはボケ予防の散歩道

高齢者にとって、散歩の効用は第2章で書いた。

だが、ボケ予防という観点から見ると、同じ散歩でも最高にいいのは、デパートめぐりである。もっとも、これは都会に住むお年寄りにかぎるが……。

なぜ、デパートがいいのか。

デパートは、老人にとって、大変な刺激を与えてくれるところだからだ。

あなたがお年寄りだとして、デパートに行くことを想像してほしい。だいたい、デパートがある場所は、町の中心にあるから、電車に乗るケースが多い。そうなると、あなたはまず切符を買うところからはじめなければならない。

そうなると、自分がどこに行くかをまず駅の案内板で確認しなければならない。いくらかかるか、自分で計算して、切符の自動販売機にお金を入れなければならない。

そして、今度はどの方面の電車に乗っていけばいいか、ホームはどこか、ひとつひとつが刺激である。

やがてターミナル駅につき、デパートをめざし、人ごみのなかを歩き、デパートに入る。そして、1階、2階から5階と見てまわるのだ。もちろん、買物をするにこしたことはない。

自分の買いたい製品がいくらで、どっちの色がいいか、自分で決めなければならない。あらゆる情報が入り乱れているのがデパートである。そして、おなかがすけば、大食堂で好きなものを食べられるし、疲れたら休憩所でゆっくりと休めばいい。

私も隣接した老人ホームのお年寄りに、積極的にデパートに行かせるようにしているが、全員楽しかったといって、疲れながらもイキイキした顔をして、帰ってくる。

ある時、デパートに行ったおばあちゃんに聞いてみると、こんなことをいったのが印象的であった。

「先生、デパートに行く時、駅なんか混んでるでしょ。だから、ここで倒れたら大変だ、ここで道を間違えたら大変だって、ずっと緊張してましたよ」

こうした「緊張感」が、実はボケ防止に大変に役立っているのだ。

しかも、こうしたデパートめぐりは、何より「ボケ防止のためにやっている」のではなく、あくまで、おばあちゃんの楽しみのひとつ、つまり自然のリハビリとしてやっているのだから、文句のつけようがない。

デパートがボケ予防の散歩道だという理由が、これでわかったと思う。

マイルドな「緊張感」を常に持て！

デパートめぐりの例でもよくわかるようにマイルドな「緊張感」がボケ予防のキーワードだ。

会社に行く服を奥さんまかせ、食事も何を食べても感動しない、もちろん仕事にも充実感もない、地域の行事に参加するのは面倒臭い。

人を家に呼ぶこともない、だからといって趣味もない。そんな人が定年を迎えて、毎日が日曜日だとしたら、もうボケが待っていることはいうまでもない。

なぜボケるか。それは麻雀がボケ防止になるということでわかったかと思うが、生活のなかに、ある程度のマイルドな「緊張感」や「意欲」が必要なのだ。

たとえば、病気の奥さんを持った夫はボケないし、ダメでぐうたらな息子を持った母親もボケない。ボケてなんかいられないのだ。

逆に、先に書いたように、家督を息子に譲って、安心してしまった親はボケやすいのだから、この「緊張感」はかなりボケには重要だといっていいだろう。

昔のおじいちゃんは、家長としての誇りがあった。

家のこと、すべてにわたって、権限があった。生きがいがあった。ところが、いまは無視されている例が多いようだ。これでは、わざわざボケ老人を作っているようなもの。

せめて何かあった時の決定権を、老人に渡してみたら、だいぶボケる確率は少なくなるはずだが、どうだろうか。

それが単なるボケ防止ではなくて、「生きがい」につながるのである。

何のために生きているのか――。

それをいつもしっかりと認識していること、これが「緊張感」「意欲」にもつながり、きっとあなたをボケから守ることになるのである。

第4章　スケベのすすめ

女に近寄らず、百まで生きた馬鹿がいた

――年寄りだって異性がほしい！

前章でボケ予防に関して、「老後に意欲を……」と書いた。

たしかに、元気で長生きをしている老人たちをみると、それぞれみんな、老後の楽しみを持っている。それも、単に「孫の成長を…」といった抽象的なものでなくて、自らが心から楽しめるものを有している。

酒をこよなく愛している人もいれば、おいしそうに煙草を吸っている人もいる。そんななかで、若い女性を愛している老人がいたらどうだろうか。

多くの人は、その元気な老人を「いやらしい」とか「色ボケ」とかいうと思う。それこそ、「年がいもなく」「いい年をして」である。

しかし、私はそうは思わない。なぜ、若い女性を愛《め》でてはいけないのだろうか。年寄りだって、異性がほしいのである。

お酒も飲みませんし、煙草も吸いません。勝負ごとは全然致しません。

女にゃ近寄りませんし、食事も控えめで、それで百まで生きた馬鹿がいた――。

これは「ノンキ節」の一節だが、こういう人がいたとしたら、いったいその人は、何のために生きているのだろうか、と思ってしまう。

まさに、こうした堅物《かたぶつ》は、「生きるために生きている」としか思えない。

21世紀は、こういう人は生き残れない。酒も適度に楽しみ、競馬や麻雀で頭を使い、女性を死ぬまで愛し続ける——。

こういう老後こそ、私たちが待ち望んでいたのではないのかと思うのである。

いや、誰もがそう思っていたにちがいないと思う。だが、社会がそれを許さなかったのである。

現実に、私は多くの老人と接してきて、「性」について何度も聞いたが、本音をいえばどの老人も「異性」を欲しがっている。だが、それを口にすることによって「スケベ爺《じじい》」とか「色気婆《ばばあ》」と呼ばれるのが嫌で、我慢しているというのが実情だ。

私は、これまでタブー視されてきた、「老人の性」の問題をもっとオープンにすべく、あえて、ここで老人たちに「スケベ」を勧めたい。

コンプリート・セックスだけが「愛」ではない！
――スキンシップの「性」

年をとってからの「性」に関して、男女ではかなりの差がある。

男性たちは、「性」というと、完全なる勃起《ぼっき》、挿入、射精といったコンプリート・セックスを望む。だが、実際には、老年期に入り、その力が弱くなるために、自信を失い、いざという時に恥をかくことが怖くて、「性」から後ずさりしてしまっているようである。

逆に女性たちは、「男性」「性行為」から遠ざかることから、いつの間にか、好きな歌手に見惚《みと》れたり、猫をかわいがることなどによって、「性」を昇華してしまっている。ここにも両者の盲点がある。だから、たまに老夫婦の間で性交渉のようなものがあっても、うまくいかないのは、そのためである。

そこで、21世紀の老い方のひとつとして、「スキンシップ」を勧めたい。

スキンシップといっても、なにも肉体に「触る」というだけではない。おたがいの心の琴線《きんせん》に触れ合うことも、広い意味でのスキンシップである。

「好きだ」という感情は、健康でなければ生まれてこないし、ましてのこと、ボケてしまってはまったく生じてこない。

だから、まず、異性を好きになったら、好きだと素直に思うことが大事なのである。そして、おたがいの心が通じあったら、手をつなぐことから「性」がはじまる。

まるで少年少女に「性教育」を教えているのと同じようだが、絶対に異なるのは、コンプリート・セックスだけが「性」でもなく、「愛」でもない、ということをここではいいたいのである。

「いざという時に勃起しなかったらどうしよう」というのは、若い時の話。むしろ、「勃起したらどうしよう」と思うぐらい、老人の性はオープンになってもいいのである。

何度もいうが、法律に反しないかぎり、他人に著しく迷惑をかけないかぎり、「年をとったら、わがままでいい」のだ。

ここではあえて「スケベのすすめ」と書いたが、老人にとって実は大変に大事なことで、決して避けて通ってはいけないことなのである。

おさわりのすすめ

「キャーッ！　やめて」

「わーっ、ここが感じるのか、ほらほら……」

「アーッ」

　私の時々行くクラブでは、その夜も、ホステスさんたちのあられもない嬌声《きようせい》が店内に響いていた。

「ここは、どうだ？」

「会長、やめて、やめて！」

「おっ、もう濡れてるぞォー」

　それにしても、隣りの席は賑《にぎ》やかだ。

「先生、僕はいつもそう思うんですけどね、あのおじいちゃん、いい年して、よくあんなこと、できますね」

　私の向かいの席で、見るからに真面目な知人が首をかしげながら、小声でそういう。

「なんで？　いいじゃないか。僕だって、時々、はしゃぐよ」

「え、先生もですか？　いやらしいな。そうか、医者と坊主は酔うとスケベだっていいますからね」

ママに聞くと、隣りの席のお年寄りは、もう75歳になるのに、週に2、3回も通ってくれる常連さんで、横浜の運送会社の会長だそうだ。

酒を飲む席というのは、よく観察するといろいろな客がいる。キャバレーでもないのにホステスの身体にやたらに触るお年寄りもいれば、彼のように真面目な顔をして、黙ってグラスを傾けている若い人もいる。

酔い方も人それぞれ。笑い上戸になったり、泣き上戸になったり、ふだんはおとなしいのに、飲むといきなり女性の身体に興味を持ったり、かと思うと、説教魔に変身したり、なかには、やたらに脱ぎたがる輩《やから》までいる。

知人がいったのは「お酒を飲むと、その人の本性が見える」という意味だろうが、はたしてそうだろうか。

酒の酔いがその人の本質的な部分を刺激して、心のなかにある願望や、日頃隠れている本人の本当の姿が現れると思っている人が大半であろう。

ということは、彼の説でいえば、医者と僧侶は、ふだんは真面目に医学だとか宗教だとかを学んでいるが、本当はスケベで、女好きだということになる。スケベな人間だけがやっている「職業」などあるのだろうか。

そんなことはない。医者だろうが、僧侶だろうが、人間は誰だって異性に興味を持っている。男なら女の身体に触りたいのが本能だろう。

だから、彼のいう「酒飲みの本性論」は大変な間違いである。実際は逆。

特に弁解するわけでもないが、医学的に説明しよう。

酒には、日頃「こんなことはしてはいけない」と抑制している気持ちを、逆に抑制してしまう働きがあるのだ。

たとえば、ここに、酔うと女性のお尻《しり》を触りたがる男性がいたとしよう。

彼は、日頃から「そんなはしたないことはしてはいけない」と心に強く命じている。しかし、この命令がお酒によって、抑制されてしまうのだ。結果としては、彼は女性のお尻を触りまくるという行為にいたってしまう。

酒によって、一見、興奮してそうなるように思えるが、実際はそうではないのだ。だから、ほどよく酔うと、気分が解放されてくるわけである。

男性ならば、経験があると思うが、適度に酔っている時の方がセックスがうまくいくというのも、日頃の節度を守ろうとする気持ちが抑制されて、リラックスしているためだといえる。

だから、別に本性が見えるわけでもなければ、隠れた欲望が飛び出てくるわけでもないのである。

このお年寄りのように、いつまでも若い女性の身体に興味を持つことは、精神がリラックスされる。だから、はしたないことどころか、元気で長生きするために、とても大切なことなのである。

よほど人格を無視しないかぎり、飲み屋で女性の身体を触ることはそんなに大騒ぎするほどのこともない。

「あの会長、うまいのよ、触り方が。ほんと、感じちゃう時があるもの」

「え、ママにも触るの？　あとで手が腐ったりして？」

「失礼ね！」

若い彼は、ただ黙っているだけだった。

SEX好き、女好き、スケベが一番のボケ防止

先の会長のように、若い女性の身体など触ったりする老人をよく「色ボケ」とい

う。

うちの病院でも、時々、そんな愚痴をこぼすおばあちゃんが来る。

「先生、うちの亭主、いい年をして、まだ私としようとするんですよ」

「いいじゃないか、おばあちゃんだって、したいんだろ」

「冗談じゃないですよ、あんなシワクチャ爺。蹴《け》飛ばしてやりたいくらいですよ。ほんと色ボケで嫌になっちゃう」

「じゃ、杉良太郎だったら？」

「杉さま？　杉さまだったら、抱かれたいわよ、先生、まだ私、濡れるんですから」

これだ。おじいちゃんがまだおばあちゃんに触りたいというのは、おばあちゃんに女の魅力があると思っているからだと説明はしてあげたが、自分の亭主を「色ボケ」扱いしていながらも、どこかうれしそうだった。

しかし、私は女好きの老人の方が、石部金吉《いしべきんきち》のような堅物よりも、ボケという観点からみると、数段素晴らしいと思うし、実際、痴呆症にはならない可能性が大である。

実際、病院に隣接している老人ホームでも、病院のリハビリ・ルームなどに行くと、その感が強い。

リハビリに通ってくるおばあちゃんが、ちょっとでも顔だちが若々しかったり、可愛《かわい》かったりすると、たちまちリハビリ・ルームが盛況になるのも、きっと「色気」のせいにちがいない。

ある時、身体は小さいが、目のくりくりとした、可愛らしいおばあちゃんが入所してきた。ご主人と数年前に死別して、娘が3人いるのだが、自分の意志で老後をひとりで暮らそうとこのホームに入園してきたのだ。まだ年も70を過ぎたばかり。水玉のワンピースが似合う、清楚《せいそ》なお年寄りだった。

その「彼女」が少し足が不自由なので、リハビリをはじめた。

すると、どうだろう。おじいちゃんたちが、次々とリハビリ・ルームに集まりはじめたのである。

何しろ、それまで身体を動かすことなど面倒臭くてとばかり、一切リハビリなど無視していた人たちまでが、そのおばあちゃん目当てに、続々と集まるのだから、壮観だ。そして汗をかいて、せっせとリハビリに励むのは、面白い発見だった。

しかも困ったことにというか、そのおじいちゃんたちは、毎日熱心にリハビリに通うものだから、ますます元気になり、ほとんど萎《な》えていたはずの男性の機能が

「もっこり」などという奇蹟《きせき》も生まれてしまった。

「先生、大ニュース、大ニュース！」

ひょうきん者のWさんが、院長室までやってきて大騒ぎ。

「奇蹟の復活ですよ、うれしいじゃないですか。ほら、見て見て！」

「馬鹿いっちゃいけませんよ。ダメですよ、そこでチャック下ろしちゃ！」

亡くなった乙羽信子さんに似たひとりの可愛いおばあちゃんの登場で、ここまで男は変わってくるのだ。

よく、老人ホームで恋のサヤあてで殺人事件が起きたりするのも、新聞には詳しく書いていないが、この「もっこり、奇蹟の復活」が原因かもしれない。

「まだ、俺は男だ。だから、女がほしい」

これが、お年寄りたちの本音かもしれない。それに、もっと大事なことは、この「モッコリ」が実は大変なボケ予防になっていることである。

大げさにいえば、それまで、どうでもよかった人生に、光が見えたかのように、男としての「生きがい」がまた生まれてきたのである。

「先生、あたしゃ、まだ男だってことですぜぃ！」

わざわざ勃起を報告してきた、Wさんの笑顔が忘れられない。

おじいちゃんですらこれだから、若い人は基本的にはスケベなはず。それを聖人君子ヅラをして、「そんな不潔なこと」などと思っていたり、やたら淡白を装ったりしている人を見かけるが、私はそういう人を見ると、そばに寄って、耳元で「ボケるぞ」といいたくなってしまう。

もうひとり、数年前に実際にいた「スケベ老人」を紹介しよう。

Mさん、80歳。ケースワーカーの報告では、至って健康で、自分のことは食事から洗濯、部屋の掃除まで、完璧《かんぺき》にこなす「自立」した老人。

しかも、決してその年に見えないダンディぶり。白髪を長髪にし、ジーンズをはき、首にはインド更紗《サラサ》のバンダナ、そして煙草は決まってフィリップ・モリス。ディスコに行けば、カフェ・バーにも行く。見つけたギャルに気軽に声をかけ、肩からかけたインスタント・カメラでパチリ。

「先生、年をとってからの人生の最大の楽しみは、若い女の子ですな」

ある時、Mさんはそういった。

「若い女の子っていうのは、私たちに不老長寿の薬をくれるんです。あの匂い、あの肌の柔らかさ、それにあの生き生きとした目の力。あれをみんな吸い込むんですよ」

鼻の穴を膨らませながら、とくとくと説明をする。

彼は、ファッション・ホテルという名のラブホテルで一夜を明かす女の子を見つけるという強者《つわもの》。しかも、その女の子とのニャンニャン写真をコレクションとして集めている。こんなおじいちゃんと寝る若い子も困ったものだが、医者の私からみれば、このおじいちゃん、ボケ防止、老化防止の「特効薬」を持っているようなものだ。

中国の「気功」が一時流行したが、このMさんは、その「気功」を女性を使って利用しているように思えた。若い女の子と知り合い、そばにいることで、匂いを吸収し、肌から若さのエキスを吸い取る。

実際には、ただ触っているだけのことかもしれないが、精神のなかで、「気功」と同じように、大きくスーッと吸い込むことによって、いわゆる「気」が循環することは、医者の私にもよくわかる。これはある緊張感を必要とすることだけに、ボケ予防どころか、健康にもいい。

いま話題になっている「援助交際」や、高校生ではまずいが、若い女性が老人と上手につきあってくれれば、お年寄りにとって、もっともっと楽しい老後が待ち受けているような気がする。

このMさん、若い時の「絶倫」は有名な話で、一度付き合った女性たちは、たとえMさんが別れようとしても、貢《みつ》ぎに貢ぎ、決してMさんから離れなかったというから、いわばSEXの真髄《しんずい》を極めた達人なのかもしれない。

Mさんに比べれば、「もっこりの復活」のお年寄りなどは可愛いものだが、共通していえることは、この世に女がいなかったら、間違いなくもっとボケる確率は高かったであろうと確信している。

まわりにもし「女たらし」といわれる男がいたら、ひとつ、そのテクニックを教わってみたらどうだろう。どっちにしても「女が嫌いだ」という人はいないのだから。

ただ、こわいエイズが流行している今、あまり不特定多数の女性との遊びを勧められないのが、医者の立場としては残念でならない。

老人ホームのスターの死

老人ホームに可愛いおばあちゃんが入ってきた話は先に書いたが、その逆もある。これは、「モッコリ復活事件」より数年前の同じ老人ホームでの話である。

ある日、ひとりの長身のおじいちゃんが入居してきた。Sさんといっておこう。長年連れ添った妻が死に、子供がいないこともあって、家を売って、この老人ホームに入ったのだという。

Sさんの過去は、その程度しかわからない。若い時、何をしていたのか、まったく謎《なぞ》だったのである。

ただ、女性に対しては、大変に紳士で、入居と同時に一躍おばあちゃんたちのアイドルになってしまった。特に、NさんとKさんのふたりのおばあちゃんが彼にご執心で、まるで、自分のご主人であるかのように、尽くしていた。

このふたりのおばあちゃんのどちらを選ぶか、他のおばあちゃんたちはまるでワイドショーのように、語り合った。

Nさんは73歳。ご主人に死なれて7年という、宝塚歌劇の大ファンで、洋風のおしゃれなおばあちゃん。一方のKさんは70歳。お茶の先生をしていたという着物姿が似合う元和風しっとり美人。

ふたりとも、このSさんの登場によって、ときめいたのか、薄化粧をしはじめる始末。これも、女性にとって、大切なことだ。年をとると、犬や猫をかわいがることによって男性への興味を失い、性に対して、淡白になりがちな女性だが、逆にいえば、「灰になるまで燃える」という業《ごう》があるのも、女ゆえである。

Sさんの登場によって、まだ残っていた火が燃え広がりはじめたのである。

ここで、普通なら、Sさん、いい気持ちになって調子にのって、三角関係の主人公になってしまうのがオチだが、ケースワーカーが見ているかぎりそんな気配はまったくなかったという。

もちろん、ふたりの好意は十分に感じている。だが、彼の女性への親切は、思いを寄せているふたりだけに絞られることはまったくなかった。誰にでもやさしく、誰にでも親切だった。人に会っても笑顔を崩さず、言葉づかいもていねいだし、ユーモアもあった。

何もすることがなければ、部屋で静かにいつも本を読んでいた。

そんな人柄だけに、Sさんのまわりには、たくさんの女性たちが集まってきた。

そんな時、決まってSさんは、男性陣を一緒に集めた。おじいちゃんたちは、Sさんのそばにいれば、おばあちゃんたちが集まってくることを知っているだけに、喜んで参加した。

「今日は、ひょうきんで有名なWさんのお話です。では、皆さん、聞いてくださ い」

そして、その場、その場の主役を決め、若い頃の思い出話をさせたり、子供や孫の話などをさせた。

そんなある日、そのSさんが私の病院に入院してきた。肺がすでにやられていた。セキがひどく、痰《たん》に血がまじっていたから、末期の肺ガンだった。だが、Sさんの表情は、いつもとかわらず穏やかだった。

（ああ、この人なら、みんなとうまくやるだろうな）

というのが、私の第一印象だった。朝から白髪をきちんとなでつけ、髭《ひげ》をあたり、面長の端整な顔に、知性を感じさせた。

私は、いい機会だったので、Sさんにモテる秘訣を聞いた。

「Sさん、老人ホームではスターですね。どうしたら、あんなにモテるんですか」

Sさんは笑って、こういった。

「先生はまだお若いから、おわかりにならないでしょうけど、年とると、みんなどこかで被害妄想的なところがあるんです。ですから、人の分け隔てをしないことです。みんな寂しい老人ですから。男と女も区別しません。別にモテるためにしていることではないんですよ。仲良く、楽しく余生を暮らそうと思ってるだけです。みんな、いい人ばかりです。人生、最後に出会った友だちですかね」

Sさんは、入所して最初に気をつけたことは、先に入所しているおじいちゃんたちを先輩として立てることだったそうだ。

しかし、モテはじめると、また問題が起こると思ったSさんは、ある時、おじいちゃんたちを集めて、こういったそうだ。

「おばあちゃんたちがいろいろいってますけど、私は死んだ女房が忘れられない。あんなに素晴らしい女は、この世にふたりといない。ですから、皆さんもそうでしょう。ここにいる人は、何か縁があって集まったんですから、みんな仲良くやりましょう。死んだ女房がいつも私の胸のなかで見てますから、変なことはできませんよ」と。

そのうちに、おじいちゃんたちからの悩みの相談も受けるようになったという。

「財産問題、嫁姑問題、遺産相続……先生の前ですけど、健康相談なんか年中やってましたよ、ハハハハハ」

それで、Sさんのモテる秘訣がわかったような気がした。

人と分け隔てなくつきあい、誰にも親切にしてあげ、そして、みんなの相談にも乗ってあげ、それでいて出しゃばらず、最愛の女は死んだ妻だと断言する。そうすれば、その話がおじいちゃんたちの口から、おばあちゃんたちの口へと伝わり、いつの間にか「NさんかKさんか」という話題もなくなったという。

それにしても、この入院中のお見舞いはすごかった。隣りの老人ホームからひっきりなしにやってくるのだから。

やがて、ニコニコ笑って「ありがとう、ありがとう」を繰り返していたSさんが、ある夜、容態が急変し、帰らぬ人となった。

その夜の霊安室は、悲しみに包まれた。時々、号泣が聞こえた。わずか1年ちょっとの老人ホームでの生活だったが、こんなに多くの「人生最後の友だち」を作った人も珍しかった。

多くのお年寄りの涙に見送られて、病院から出ていく車を見ながら、

「ああ、Sさんは最後まで幸せだったな」

と思わずにはいられなかった。

「先生、Sさんが死んじゃったよ」

そういって、泣きじゃくるおばあちゃんたちを見ながら、私も感無量であった。

女性にモテるということは、若い時だけ、必要なことではない。

むしろ、年をとってからこそ、女性にモテなければいけないことを、Sさんが教えてくれた。別にセックスをすることだけが「スケベ」ではない。

恋の火を燃えさせること、愛するという気持ちを強く持つこと、そのことだけでも、十分「スケベ」なのである。

年をとった夫婦で手をつないで歩いているだけで、若いカップルのそれとはまたちがった愛が流れているのだ。

それを、Sさんは老人ホームの多くのお年寄りの男女のなかで、実践してくれた。私がまえがきで書いた、まさに「金色のスズメ」になったお年寄りだった。

このSさんのおかげで、努力次第で、誰でも、金のスズメになれるということを実感したのだった。

ちなみにいまだにSさんが何をしていた人なのか、謎であるが、枕元に残された、アントン・チェーホフの文庫本『桜の園』が、何かを私に知らせていた。

ある老人の葬式

新聞の投書にこんなのがあった。

……私は83歳で亡くなった老人の葬式に父の代わりで参列した。

祭壇の脇《わき》の親族の席を見ると、20代の女性がまだ小さな子供を膝《ひざ》に抱えていた。

私は「ああ、お孫さんが曾孫《ひまご》を抱いているんだ」と思った。近頃、曾孫までいる家は少ないし家族四代続いたその家をうらやましく思い、そんな葬儀をある感動を持って見ていた。

ところが、帰り際に知人になにげなくその話をすると、実際はその20代ぐらいの女性が奥さんで、喪主だったのだ。

うらやましいやら、おかしいやらで、1日なんだかポーッとした気分だった……

83歳で20代の奥さん。もちろん、何回目の結婚か、投書からでは見当もつかないが、医者の私からみれば、その老人はとても素晴らしい人生を送ったに決まってる。80を過ぎて子供ができ、そして3年でも可愛い「息子」と遊べたのなら、人生の最後にまた青春があったようで、実にうらやましい。こういうことも医学的にみればありうる話だが、この投書の主のように「うらやましいやら、おかしいやら」というのが正しい感想であろう。

こんな話をすると、よく「年がいもなく」とか「年寄りのくせにはずかしい」とかいわれるのが普通だが、21世紀はそんなことはいってはいられない。年寄りだから枯れろというのはまったく無視していいのだ。

私の知り合いで、それに近い人がいる。

仮にYさんとしておく。このYさん、出版社の編集長。若い時から粋でおしゃれだったが、30歳の時に結婚。奥さんは23歳。1男2女をもうけ、幸せだったが、上の子供が17歳になるかならない頃、離婚し、部下だった女性と再婚。この女性は新入社員だったから23歳。その時、Yさん、男盛りの48歳。なんと25も年が離れた、まるで娘のような美女を手に入れた。

みんながうらやましく思うのを尻目に、すぐに子供を作った。

しかし、残念ながら、この子が12歳の時に、定年になってしまった。だが、働かなくてはいけない。60を過ぎてからの仕事はあまりない。しかも、編集の仕事などしていたので、他の仕事につけない。小さな編集プロダクションをやりながら、何とかやってきたが、結局、いまは共稼ぎをしている奥さんに怒鳴られっぱなし。

「先生、聞いてくださいよ。女が一番いいのは、23から39までの16年間。私は昔からそれを信じていましてね、最初のかみさんとも23で結婚して、かみさんが39になった時別れたんです。聞いてくださいよ」

「聞いてますよ」

「それで二度目のかみさん、もらったでしょ。それがいま、かみさんが40ですよ。これがビシビシいいたいことはいうし、身体はデブったし、最悪ですよ。これだったら、前のかみさんの方がよかったですよ」

「でも、Yさん、あなたが信じてた『女の一番いい時代』を二度味わったんだから、いいじゃないですか」

私がそういうと、すぐに反論した。

「いやいや、先生。これで俺に金があったらですね、いまのかみさんが40になる前にもう1回、23歳の女と再婚したいんですよ。そうすれば、先生、私は一生、女の嫌なところを見ないで、いい所だけを見て死ねるわけですから」

なるほど、そういうことか――と私は思った。

女性が23から39までが一番美しいし、男性にとって、鑑賞用としても、パートナーとしてもいいとしても、一度の結婚では、それを女性が過ぎてしまった瞬間から、すべてが「思い出」に変わり、あとは40歳以後、死ぬまでのむごい女性の姿を見ることになってしまう。たしかに、それはいえる。

「あなた」と亭主に呼びかける言葉も、まだ若い時は「あ〜たぁ」と甘い。それが40を過ぎた時から「あ」が抜けて、「ナタァ！」になってしまうという落語があるが、まさにYさんの理屈はそれだ。

だから、Yさんは最初の奥さんが39歳になった時に別れて、再び23歳の女性と再婚した。ここまではよかったというのだ。

そして、本来ならその奥さんがまた39歳になった時、23歳の女性と三度目の結婚をすれば、すべて女性の美しい「あ〜たぁ」の時代と共に一生を送れるというわけだ。

残念ながらYさんには、そこまでやれる財産も魅力もなかったが、その話を聞いた時、ふと、投書の葬式のことを思い出した。

Yさんが財産があって、その気になっていたら、きっとあの葬儀の主人公のようになっていたかもしれないのである。

冒頭の老人、遺影のなかでニヤッと笑っていたのではないだろうか。

激増する熟年離婚

私の妻の友人の女性がある夜、深刻な顔をして、私の家を訪ねてきた。

相談ごとがあるという。「先生もぜひ、聞いてください」というので、彼女の話を聞くことにした。プライベートなことなので、詳しくは書けないが、彼女の悩みはこうだ。

彼女の父に愛人がいることがわかった。父に証拠を突きつけると、白状し、謝り、これからはその愛人とは別れるという。それを信じていいか、どうかというのだ。父の年は74歳。奥さんは、いま病気で寝たきりである。その愛人は46歳。ふたりの間には子供もいないが、愛人には20歳の子供がいる。

妻は、その話を聞くと簡単にこう答えた。

「あらぁ、74にもなって、女性にモテるっていうことは、いいことじゃない。きっと若いのよね。あなたのお父さん、素敵な男性なんだわ。いいじゃない、それだけ、ただのおじいちゃんじゃないってことなんだから……」

あっけらかんとしている。

私も、それも一理あると思った。先の老人ホームでモテた『桜の園』のSさんではないが、70歳以上にもなって、年下の女性に人気があるようであれば、それは「生きがい」にも通じる大事なことではないかと思う。

結局、それが決め手になって、友人は、

「なるほどね、私の父が他の女性にも見向きもされないような、ただの汚いおじいさんだったら、嫌だもんね」

「そうかぁ、うちのお父さん、素敵なんだ。まあ、別れるっていってくれたからいいか」と納得して帰っていった。

時代は大きく変わろうとしている。

明治の夫婦がいなくなり、大正の夫婦も消えようとしている。昭和の夫婦の時代がまさにやってきたのである。女性史的にみれば、「耐える女」の時代、「迷う女」の時代は終わりを告げ、まさに「決断する女」の時代になる。

そうなると、どうなるか。女性が耐えなくなる。迷わなくなる。しかも、昔とちがって経済的には自立できる。つまり、熟年離婚が増えてくるというわけである。これは、今後減ることはない。成田離婚が増えるのと同様に、熟年の離婚もますます増えてくると予想される。

定年を機に、妻と旅行に行こうと思ったら、妻から出されたのは旅行のパンフレットではなく、離婚届けだったということも、もうあまり笑いごとではなくなったのではないだろうか。

夫が年とって色気がなくなった時、妻は夫に本当に情けない思いを抱くらしい。

「こんなつまらない人と、私は40年以上、一緒にいたのか……」

そう思うと、妻はまるで自分の人生を無駄に使ってしまったかのような喪失感に襲われるのだそうだ。

夫は単なる粗大ゴミの世界になり、次第に「ワシ族」になる。妻が出かけようとすると、ワシも行くを連発するからだ。ましてのこと、そんなゴミ老人を他の女性が相手にしてくれるわけがない。先の老人のように、愛人までできる甲斐性《かいしょう》こそ、熟年離婚を防ぐ方法なのだ。若い愛人ができるということは、他人がその老人を認めるということだ。

他の女性をときめかせるような男だったら、妻が「ああ、こんなつまらない人と……」とは思わない。なぜなら、そこに何か女性を魅《ひ》きつける魅力があるからである。

問題はそこである。

「こんなつまらない人……」とはどういう人なのか。では、どんな夫だったら、妻は定年後もつきあってくれるのだろう。

いろいろ調査してみると、やっぱり、おしゃれで、清潔、それにおもしろい夫というのが、夫の人気キャラクターであった。

それに、これは私の経験だが、ある程度の教養がないと年寄りはもてない。昔、流行した「男は黙って何とか……」とかいうのは、完全にもう終わっているといっていいだろう。先の愛人のいるお年寄りではないが、これからの時代、夫は妻の友だちに人気がないといけないというのが、私の持論である。

最近のコマーシャルにこんなのがある。

奥さんたちがワインを飲んで、昼間から酔っぱらって宴会をしているところに、石田純一扮する主人が帰ってくる。

「あら、あなたのご主人、素敵ね」

誰かがいう。そうすると、すかさず酔っぱらった奥さんがこういう。

「買ったのよ、バーゲンで。安くてさ、洗濯しても縮まないヤツをさ……」

それはそれで笑ってしまったが、でも、奥さんの友だちから、

「あなたのご主人、ス・テ・キ！」と言われるような男になることができたら、まず間違いなく妻に逃げられることはないだろう。

別に吉永小百合さんクラスの美人にモテようというのではない。少しレベルを下げて、奥さんの友人にモテればいいのだから、そんなにむずかしいことはない。

あなたの年齢にふさわしい「知性」と「教養」、そして「おしゃれなセンス」「若さと行動力」、さらにはユーモアがあれば、別にハンサムでなくても十分いける。

激増する「熟年離婚」に対抗するためにも、妻にもう一度惚《ほ》れさせる、妻の友人にうらやましがられる夫になればいいのだから、そんなにむずかしいことではない

だろう。

妻の友人をその気にさせる「条件」

ヨーロッパで、こんな経験をした。

あるパーティでルクセンブルグの貴族と「女性から見た男の魅力とは何か」という粋な話になった。

「フレディ、あなたは女性にモテるでしょう。わかりますよ。私にはあなたがなぜ女性に人気があるか、よくわかりますが、あなたはその理由は何だと思いますか」

さすがの私も、この質問には困ったが、思わず、

「インテリジェンス」

と答えると、その紳士はニッコリ笑って「ザッツ・ライト。その通りだ」といって、私の肩を叩《たた》き、軽くグラスをあげた。

そこから、ふたりの間で、知性が男にとって一番大事だということになり、やがて、では知性とはいったい何かということになった。

自慢話のようになるのは嫌だが、その時の話がおもしろかったので紹介しよう。

ルクセンブルグの彼はこういう。

「あなたの奥さんに、美人の友だちがいたとしましょう。その女性は独身であっても、人妻であっても、夫に死に別れていても、子供がいても、何でもかまいません。あなたは、その女性をちょっとだけ好きです。そんな時、あなたの奥さんが留守の時、彼女が遊びにあなたの家を訪ねてきました。さあ、あなたはどうしますか」

私は一瞬、どう答えていいかわからなかった。

彼はにっこり笑って、こういった。

「そんな時には、まず電話をかけます。かける先は奥さんが行きそうなところ。そして、必ず用件をいいます。もちろん、彼女が訪ねてきたことも。次に、自分の仲間で、いま家にいて暇そうな男を家に呼びます。すこぶる付きの美人が来ているといえば、飛んできます。こうしておいて、彼女を接待します。電話で呼んだ友だちが来る前に、チュッと軽いキスをします。もちろん、秘密だといって」

こういうことを平気でできるような人は、きっと楽しい老後を送っていることと思う。こんな粋な接待ができるのも、外国だからだということになるかもしれない。

妻にはいえないが、少しだけ参考になった。

そこで話が出た「年をとってから女性にモテる男性」の条件をあげておく。

年をとってから女性にモテる男性の条件

▼「知性」にあふれている人

これは学歴とかとはまったく関係がない。

東大を出ていようと、高校卒業であろうと、「教養」というものは、学歴ではない。

では、どんなことが「教養」なのか。

それは、自分の本職以外のことについてよく知っていて、独学でもいいから勉強していることだ。本職以外のことについて、何も見ないで何時間でも話せる。例えば「植物」についてとか、「ラグビー」についてとか。私でいえば、「医学」の話以外で、数時間にわたって、何を話せるかが問題なのだ。

▼「ウイット」「ユーモア」のセンスがある人

あの人の話がおもしろいからといって、その人のまわりに人垣ができるような、そういう人。この場合の「ウイット」とか「ユーモア」というのは、むずかしい。あまり気どったものもいけないし、下品になってもいけない。上品なパーティ・ジョーク、クスッとさせる風刺や皮肉、さらにはサラッとした猥談《わいだん》などが上手にできれば、申し分がないといえよう。

▼おこづかいに余裕のある人

おいしいレストランを知っていて、連れていってくれるような人。もちろん、マナーもしっかりとしていて、なおかつ話術が巧みでなくてはいけない。ただし、無理をしては、すぐに育ちがわかる。よく行くレストランや割烹《かっぽう》でいいから、多少、贅沢な感じを与えられる程度でいい。

▼誰にも負けないスポーツをひとつできる人

たとえば、テニスや乗馬やヨット。アーチェリーなどもいい。なるべく人がやらないようなスポーツで、ひとりかふたりでできるものがいい。そして、若い人に教えられるところまでの技術があれば、最高だ。ゴルフだったら相当上手でないとこの分野では負ける。

モテる条件すなわち「金のスズメ」になる法をあげたが、これによって、逆にいえば、いまのお年寄りで女性に「嫌われる年寄り」のタイプがよく見えてくる。

たとえば、すぐに自分の仕事の話ばかりすることがいかにダサイか。昔の手柄話なんか最悪だ。子供自慢、孫自慢、家族の自慢話もあまりカッコいい人はいわない。

「本職以外の話で、いかに人を引きつけられるか」

これは、一度試してみる価値があるかもしれない。その努力が、実はあなたを魅力的にするし、奥さんから定年離婚をされないことにつながるのだ。

自分に足りないものがあったら、いまから練習しておいた方がいい。そうでないと、ただ「あのじじい、嫌だけど、金持ってるからね」といわれるのがオチだから。

肩書はいずれなくなる肩書のない自分にどれだけ魅力があるのか

年をとってから、女性に人気があるということは、実に素晴らしいことだ。しかし、それをいまから考えるには、裸の自分にいろいろと栄養をつけておかなければいけない。

つまり、仕事はいくらできても、老後は何も意味をなさないということだ。

先日、ある大学教授と出会った。

その人は私に名刺をくれた。その人の肩書は、あまり知られていない大学の教授になっていた。

（ああ、大学の先生か……）

私がそう思ったのに気づいたその先生は、すかさずこういった。

「私は3年前まで、東大の教授だったんですけどね……。定年になってどうしてもここで来てくれっていうものですから、田舎の大学に移ったんですよ」

必死でそういう先生の姿がいじらしかった。

年をとったら別にどこの大学の教授だっていいのだ。肩書で勝負する時期はとっくに終わっているのだから。こういう人は、定年になって家にいるようになっても、地域の人たちときっとなじめないだろう。

「町内で掃除？　冗談じゃない。スーパーの親父と一緒にされてたまるか」

きっとこんなことをいうに決まっている。

話は逆だ。一生懸命、町内の掃除をしているうちに、

「おいおい、あの人、元東大の教授だってよ。いいのかい、俺たちと一緒にあんなことさせて。よくやるよ、腰が低いし、えらいねえ……」

といわれてこそ、「知性」ある老人になれるのだ。

大会社の社長だろうが、重役だろうが、肩書がなくなったら、何でもない、ただの老人だ。若者たちにとっては、いわゆる、スズメ。どこにでもいる年寄り。「シ

ーッシーッ」と追い払われる害鳥なのだ。

それなのに、「昔はどうの……」などといっているようでは、老後はまったくダメだといっていいだろう。まして、女性にモテるわけもない。

あなたが老後、どう人に判断されるか、いまわかる方法がひとつある。

それは、子供があなたを尊敬しているか、どうかである。

子供が尊敬しないような父親は、将来、年をとった時、女性にまずモテないということは、はっきりとしている。

子供というのはよく見ている。

「へえ、うちのパパってすごいんだ」というような発見がないような父親の晩年は暗い。

子供は父親の肩書だけで、尊敬はしない。それよりも、サッカーがものすごくうまければ、尊敬だけでなく、それ自体があなたの価値になる。

手品がうまかったりしてもいい。人より何か秀《ひい》でているものがあれば、それだけでも光っている。人を喜ばせる。目を輝かせられるだけで、あなたには老後、期待されるものがあるからである。金のスズメ候補生である。

自然の生活のなかのアウトドア・ライフを楽しめる父親の方が、大会社の重役より、よほど老後は楽しいし、女性にもモテる。「スケベ」も公認される。

花がきれいだとか、水が冷たいとかそういった感性を持っていれば、女性だって放っておかない。花や鳥を見ても、何にも感じない官僚やエリートは、きっと女性たちに相手にされないだろう。

「俺は昔はな、あの橋本首相と一緒に、消費税問題の審議に出席してたんだ」

こんなことを老後にいうような夫を、誰が尊敬するだろうか。そして、妻の友人たちが「あなたのご主人、ステキね」というだろうか。

私はいま、マリンスポーツに凝っている。

夏になると、仲間たちと一緒に江ノ島でジェット・スキーをこよなく楽しんでいる。それは、別に女性にモテるためではない。海が好きだから、という理由だけである。

でも、私は確信している。海の持つ魅力を知っている人は、きっとモテる。なぜ、モテるか。女性に人気があるのか。彼らはみんな共通して、子供のようだからである。ヨットマンやサーファーたちがモテるのは、海の魅力についてなら、自分の仕事以上に知っているし、何日でもしゃべれるからだ。それもすべて感性のなせる業《わざ》だ。ハイキングやキャンプ好きの人にも同じことが言えると思う。

もし、あなたが、老後、奥さんに向かって、「夕日を見に夕ヒチへ行こうぜ。きれいなんだってさ」などと素直にいえたら、そんな男がモテないはずがない。「冗談でしょ。そんなキザなこと、いえませんよ」などと、いうかもしれない。だが、ここで重要なのは、そういうキザなことをサラッといえる「スケベ」な男になることなのだ。

いま、そういうことを言えなくてもいい。やっぱり仕事の成功した話をしたいと思っている人がいてもいい。しかし、私がいいたいのは、50過ぎたら変わらなくてはいけないということなのだ。

たとえ、奥さんに「笑わせないでよ、忙しいんだから」などといわれても、平気でそういう言葉がいえる、しかも実行できる男になっていてほしいのだ。

「定年があることがわかっている人は、仕事などどうでもいいから、1日も早く遊びなさい。キザで、趣味がたくさんあって、知性あふれたスケベな人になりなさい」

それが金のスズメになる早道なのだから……。

私は、いまから、あなたの老後の幸せのために、そういっておく。

第5章　老衰で死のう

死ぬことは、怖くない！神様がくれた「祝福」だから
——死生観について

私はこれまで実に多くの「死」を看とってきた。

ガンで死ぬ人、心筋梗塞で亡くなる人、不慮の事故で命を落とす人……さまざまな原因で、人は亡くなっていく。

人は生前どんな生活をしていようが、どんな宗教を信仰していようが、ほとんどの人の死顔はおだやかである。

そうしたなかで、私は一番幸福な死に方を見つけた。それは「老衰」である。なぜ、老衰で死ぬのが幸福かというと、それは、人間が望む最高の穏やかな死であるからだ。

老衰の患者というのは、まるで樹木が枯れるように、肉体の機能が衰えてきて、たとえどんな点滴を入れても、よくなることはない。枯れ木に水を入れているようなものだからである。

点滴をどんなにしても、効き目がないというと、一見、それは悲惨な末路のよう

に思われるかもしれないが、幸いなことに、身体の衰えとともに、脳の方も次第に機能しなくなる。したがって、老衰がはじまった時から、患者は判断能力も衰えるから、苦しみを感じることもなく、気分が素晴らしくよくなるのである。

もちろん、肉体と脳が自然に衰えるのであるから、人間なら誰でも持っている「欲望」もすべて消え、さらには、死への恐怖心さえなくなる。

そして、まるで森のなかで木が朽《く》ち果て、静かに倒れるごとく、あの世へと旅立っていく。いわば、老衰は肉体の機能をすべてうまく使いきった、芸術品のような感じさえ受ける。その死に顔は、まさに眠っているようで、穏やかそのものなのも当然である。

では、老衰で死ぬためには、どうしたらいいだろうか。

それは、先にも書いたように、身体がこれ以上働かなくなるまで、肉体の持つ機能をうまく使いきることである。そのためには、もちろん、常に健康でなければならない。年をとってもずっと健康で、機能が衰えるのを待つのである。

だからといって、110歳とか120歳まで生きろというのではない。なぜなら、老衰は年齢ではないからである。90で老衰になる人もあれば、80でうまく使いきる人もいる。人間はいつか死ぬ。だったら、死を恐れることすらなくなる、神がせっかく人間に与えてくれた「老衰」という名の祝福を受けるべきだと思うが、どうだろう。

あなたがもしガンにかかったら

日本人の死亡率第1位はガンである。

ということは、多くの人がガンにかかって死ぬということである。あなたも当然、ガンにかかる可能性が多いわけだから、いまからガンにかかった時の心構えを決めておかなければならない。

近年、ベストセラーになった『患者よ、がんと闘うな』（近藤誠著・文藝春秋社刊）という本がある。

これを読んで、「ガンになったら、もうおしまい。だから、抗ガン剤を使って闘っても、ガンの治療をまったくせずに死んでも、結局死ぬ時は一緒だから、痛い分だけ損だ」ということがよくわかったという人がいる。

私はそれはちがう解釈だと思っている。

著者が言っているのは、決して「ガンになったらあきらめろ」ということではなく、「毎年、肺ガン検診をしても、しなくても死亡率は一緒だ」ということなのである。それでは何のためにやっているのか、わからないからやめなさいと単純に言っているのだ。

肺ガンというのは、前にも説明したように、4種類あって、絶対に悪性のものから、良性と悪性の中間のようなガンもある。そういうものも、一緒にした統計を出しているからややこしいのであって、ガンになったけれど助かったというのは、放っておいても別に死ぬようなことがないガンなのだ、と言っている。

「ガンと闘うな」に関して、私がここでいうとしたら「どんな検診を受けても無駄だ」ということでは決してないのではないか。

たとえば、大腸ガンや胃ガンは、早期に発見すれば死ぬ率は少ない。ということは「ガンになったら、どうせ死ぬのだから、大腸ガンや胃ガンの検査をするな」とは反対に、検査をした方がいいに決まっている。

半年に1回検査をし、それで早期に発見すれば治るガンもある。それを治らないガンと一緒にして、「助かるガンは結局助かるし、助からないガンは何をやっても助からないのだ」と結論づけるのには反対だ。

なぜなら、そのことをきちんと理解できない人が、それでなくても多いから、「ああ、ガンにかかったらおしまいだ。もう何をしなくてもいい。だって、ガンと闘うなって医者もいっているじゃないか」

ということになりかねないからだ。

　胃ガン、大腸ガンをはじめとして、早期発見すれば治るガンは、逆にいえば、検査をこまめにしている人だけが、絶対に助かると、私は言いたい。

　しかし、世の中には、どんなに用心していても、また半年に１回きちんと検査をしていても、ガンになってしまうことだってある。

　何しろ、2.5人にひとりがガンにかかるのだから、しかたがない。

　でも、ガンになった時の心構えとして、「ああ、俺もついになったか」と思うだけでいいのだろうか。ガンとは闘わないと決めた方がいいのだろうか。

　私は、著者に逆らうようだが、あえて精神論を大事にしたい。

　たとえ、ガンにかかったために、助からないにしても、すぐに諦めて厭世《えんせい》的になって生きるより、残された家族のことを考え、少しでも頑張ろうと思う気持ちがあれば、それだけ長く生きられる。

　がんばろうと思わなければ、それだけ命も縮むという事実が統計にある。

　多くの人が望むのは、ガンにかかるのはしかたがない、それで死ぬのもしかたがないが、ガンになったら、「苦しみたくない、痛い思いをしたくない」ということではないだろうか。

それは、いま心配することはない。いい医者にかかれば、いまの技術では、ほとんどのガンの痛みは完全にコントロールできる。

人間はいずれ死ぬ。しかし、自分で守れば防げた病気になって死ぬことは、とても残念なことである。そのために、いまから「ガンと闘うな」などと決めつけないでいてほしいと思う。

ガンの告知について

「インフォームド・コンセント」という言葉が使われるようになって、だいぶ経つ。これは、病気に関する情報をきちんと医師が患者に伝え、どんな症状なのか、どんな治療が必要なのかということを、患者自身で納得してもらい、治療をすすめるというものである。

告知というのは、このインフォームド・コンセントの一環である。

これが一躍有名になったのは、「ガンの告知」からであろう。

「あなたはガンですから、抗ガン剤をつかった治療をしましょう」

と簡単にいえるわけがない。なぜなら、ガンと「死」は非常に密接な関係を持っているわけだから、「ガンの告知」は「死の告知」に近いものになってしまうからである。

最近では、自分がガンに冒されたら告知してほしいという人が急激に増えている。そのせいか、医学界でも告知をしなくてはいけないのではないかという意見を持つ医師も増えてきている。

なかには、アメリカでは9割以上が告知をしているのだから、日本もそうすべきだという意見の人がいる。しかし、外国がそうだからといって、わが国もすぐに真似をしなければならないということはない。

また、本人がどんなに告知をしてほしいといっても、家族が必ずしも告知してほしくないという場合もある。

もちろん、医者の立場からいえば、患者に正しくガンの告知をした方が、その後の治療に関する説明もしやすい。

だが、これは、その人の命が助かる可能性が高い早期ガンなどの場合だけだ。末期のガンで助かる可能性が低い患者だったらどうだろう。告知することによって、その人に生きる勇気や病気と闘う励みになればいい。

しかし、そんな果敢な人でなかったら、果たして告知は、その人のためになるのだろうか。自暴自棄になって自殺などということになれば、告知によって、命を縮めたことになる。さらには、やけになって犯罪を起こさないともかぎらない。こればかりは、医者がどうのこうのという問題ではない。

実際、告知するかしないかは、医者の判断ではなく、患者の家族の意思によるところが大きい。何も医者は告知をしなければならないということはないのだ。もし、家族も告知をした方がいいと考えているにもかかわらず、なかなか言えないのなら、医者が代わって告知しましょうか、というだけのことかもしれない。

告知に関して、雑誌やテレビで取り上げられ、有識者と呼ばれる人たちがたくさんコメントを出している。その人たちの多くは、告知すべき派なのだ。

しかし、本当にそうなのか。

死に面した人、あるいは病気に冒されている人の苦しみ、それを見守っている家族を目の前にすれば、医者は必ず悩む。

そこが一番、大事なのだ。だから、告知そのものの善し悪しなど、いくら討論してもしかたがない。

告知後の治療、特に精神的ケアが十分行えるかどうかが大切で、告知しっぱなしでは意味がないのである。

あなたは、自分の死を、医者に告知してもらいたいだろうか。

いまから、よく考えておく問題かもしれない。

一番いい死に方

では、一番いい死に方とは何だろう。

医者仲間で一度話し合ったことがある。

「俺は脳卒中がいいな。夜、寝ていたら突然梗塞が起きて、いびきを急にかきだしたと思ったら死んでるってヤツ」

「だけど、中途半端だと、あと麻痺がきて大変だぞ」

「俺は何といっても、腹上死だな。あー、いい、ウッ」

「バカいってんじゃないよ」

みんな、勝手なことをいっていたが、自分のことはさておいて、一般的にいって、できるだけ健康に老年期を十分楽しんだ後、「老衰」で死ぬのが理想の死に方だろうという結論になった。

老衰というのは、まるで樹木が枯れて倒れるかのように、亡くなっていくこと。

枯れた木に、どんなに栄養を与えたところで、元のみずみずしい木には戻らない。

これは、自然の摂理だからしかたがない。

枯れ木にいくら肥料を与えても、花が咲いたり、実がなったりしないのと同じように、老人もまた、いくら鼻からチューブで栄養を与えても、身にならない。それが老衰ということだ。

そのかわり、身体の機能をフルに使ってきたわけだから、痛みや苦しみもまったくないし、精神的な欲もなくなる。

老衰の患者さんを診ていると、生物は限度以上に生きると体が動かなくなることがよくわかる。頭も高度にボケ、欲もなくなり、まるで仏様のようである。

そして、眠るように、静かに死んでいく。

老衰というのは、何だか１１０歳ぐらいの人がなると思われているが、そんなことはないのだ。80歳でも90歳でも、老衰は老衰。病気で苦しむこともなく、身体全体がその機能をゆっくりと停止するのだから、人間にとって、自分の身体をすべて燃焼しつくし、その役割を終えた、素晴らしい死の瞬間なのである。まさに神の祝福のように思える。

もちろん、我々医者もそうなりたい。

だが、残念ながら、お決まりの「医者の不養生」だ。長生きするためにはどうしたらいいか、研究している私が早死にをするということだけはないように、がんばりたい。

ホスピスで死ぬには

ガンの告知と同時に、ホスピスの問題も表面化してきた。

ホスピスというのは、末期ガンの患者が、あらゆる治療が役に立たなくなり、死が避けられなくなった時、痛みや苦しみをやわらげ、余命を有意義に過ごすために存在している、「心あったか」施設である。

しかしそれは必ずしも、ガン患者が医師から見放されて収容されている、現代版の「高級姥捨山」ではなく、つまり、「緩和ケア」を主とした「病棟」と解釈したらいい。「病棟」であるから、死を待つための「ホテル」や「ホーム」ではなく、基本的にはあくまで「病院」、「治療施設」なのである。

ただし、治療の重点が痛みや苦しみからの緩和、そして精神的サポートなのだ。

だが、多くの人はホスピスに入るというと、生きることへの敗北だと受け取る。なぜだろうか。

人は必ずいつか死ぬ。だから、どんなふうに死んでいくかは、医者が決めることでもなければ、家族が望むものでもない。死んでいく当人が決めることなのである。

私は長いこと医師の生活をしながら、多くの死を見てきた。

医療の現場からいわせてもらえば、日本の医療は明らかにもうダメだとわかっている患者に、治るわけもない治療を、ただ1日でも延命させるために行ってきた面がある。

あと90日の余命を100日、150日にすることはできる。しかし5年間、延命することは、たまにあっても、だからといって治ったわけではない。患者本人がまったく生きているのか死んでいるのかわからないまま、1年、3年と生きた結果、5年もったというだけのことである。

なかには、治る可能性もないまま、ただ延命のために患者にとって苦しい治療を施すことにもなりかねない。髪が抜け、顔が土気色になり、骨までボロボロになり、まるでスパゲッティのように点滴の管につながれ、ただ「痛いよ、痛いよ」と叫ばせる治療が、本当の医療だろうか。

患者の方も考える。そうした過酷な治療を耐えることによって、完治するのなら、どんなことでも我慢しようと……。

しかし、これ以上、患者の肉体を痛めつけ、苦しませるだけで、結局は死を待つのであるのなら、患者自身の生き方を考える時間を作るべきではないだろうか。

そのために、ホスピスはあるのである。

ホスピスは、人間には逃れることのできない死というものを、どう受け止めるかを考え、限られた時間を少しでも静かに、そして有意義に過ごすための「病院」なのだから、たとえ、その病気に対する治療が不可能でも、少しでも痛みを和《やわ》らげ、ゆったりとした環境作りを主とした病棟がホスピスであるというのが、私の考え方である。

文明が発達し、これ以上は意味がないというぐらい生活のスピードが増してきた現代。東京—新大阪間が3時間から2時間になったところで、死という問題からみれば、たいして意味がない。それよりもむしろ、心の豊かさの方がはるかに重要ではないだろうか。

医療の現場でも同じことがいえよう。手術のスピードが早くなっても、どんなに便利な医療機器が開発されても、それだけでは医療とはいえない。今後は本当の医療とは何かを真剣に考えていかなければならないと思う。

その答えのひとつがホスピスにあるのではないだろうか。

ホスピスは、ただ死を待つところではなく、最後まで人間らしく生きる場所。だから、ホスピスに入るかどうかは、老人ホームの入所とはちがって、本人の意思が大切である。治療する方と治療される側が、きちんと納得していなければ、ホスピスケアは成り立たない。

痛みや苦しみから解放され、家族との最後の時間を楽しみ、自分の死後のことを家族に託すためには、ホスピスは最適である。

だが、時々、なかにはホスピスに向かない人もいるだろうと思う。

たとえば、自分の死をあまりにも強く考えるために、静かにしていられない人。一時は、静かに死を待つことを考えたかもしれない。しかし、刻一刻と死が近づいてくれば、その恐怖のため、精神的におかしくなってしまう場合だって、あるかもしれない。

こういう人は、ホスピスに向かない。ここまで来ると、たしかに宗教心というのも必要になってくる。

「私はいま神に召されようとしている。召されて天にのぼっていくのだ」

と死を栄光と考えている人たちには、ホスピスは最後の生の場所として、すばらしいかもしれないが、死を怖がっている人にとっては、何とか死から逃れようと、心がジタバタする場所かもしれない。何しろ、延命のための治療は基本的にはしないのだから。

また、なかなか死なない人、この人もホスピスには向かない。

余命いくばくもないという診断で、ホスピスに入ったものの、診察のミスか、それとも環境の変化で好転したのか、1年も2年も生きていたら、ホスピスとしての役割も薄れていく。やはり死というものを目前に考えられる状況でなければならないところに、ホスピスの限界もあるような気がする。

それにしても、いままで、日本の医療は秘密主義であった。しかし、インフォームド・コンセントをささやかれるようになって、治療方法を本人や家族が選ぶことが可能になった。

今後、ますますホスピスは発達していくだろう。

老人病院で、心やすらかな死を迎える

ホスピスに入るためには、当然「ガンの告知」がなされなければならない。

さらには、その「余命」を患者自身が知らなければ、本人がホスピスに入る意思を表明できないだろう。

まさに家族にとっては、「死の宣告」であり、本人が喜んでそれを受け入れるというわけにはいかない。

となれば、ホスピスは健康な頃から家族で話し合っていなければ、老人ホームとはちがって、そうはなかなか簡単に入所するというわけにもいかない。そうなると、とりあえず入院した病院が問題になる。

私は、ホスピスでなければ、緩和ケアができないわけではないと思っている。なぜなら老人病院には、そうしたホスピスの要素が多く含まれているからである。私の知人が勤める一般病院では、老人が治療に訪れて、もう年だから苦しみや痛みの伴う検査や治療をしたくないというと、入院を断るという。その理由は、こうだ。

「治療らしい治療をせずにいたいのなら、家にいても一緒だろう」

なるほど、それもいえる。一般病院では、こういうケースはめずらしくない。

先のホスピスの例でいえば、

「なかなか死なないのだったら、死にそうになったらもう一度来て」

と追い出されるのも同じことである。

心ある老人病院なら、こういうことをしない。なぜなら、老人の嫌がることを極力避けて治療にあたっているからである。実際、私の患者のなかにも、家族との話し合いのなかで、治療方法を決めている人もいる。その人は90歳をすぎているが、本人の意思で、延命治療をしないでくれといわれている。それよりも、痛みをとりながら、静かに死を待つような治療をするよう指示されている。

もちろん、何度も話し合った。だが、そうした意思がはっきりした以上、私は患者の意思を尊重すべきだと思っている。

先の病院では、同じことをいって断られた。私の病院ではホスピスに似た緩和治療を行っている。このちがいは何だろう。

これは、病院の役割の問題であって、どれが正しくて、どれが間違っているという問題ではない。

たとえば、救命センターでは、自殺であろうが、事故であろうが、命を救うために全員が全力を尽くしている。大学病院は、医師を育てることが第一の目標だから、いろいろな試みや実験的な治療も許される教育病院。生まれついての天才医師はいない。誰もが教育されて一人前の医師になっていく。だから、新米の医師にかかれば、モルモットにされるという可能性もある。

あなたが、病気になり、やがて死を待つ時が必ず来る。その時、病院にはそれぞれの役割があるということをよく頭に入れ、どの病院がどんな治療をするのか、どういう目的で建てられたのかをよく見極めることも、また重要なことである。

ちなみに、私の病院に入院している患者さんの平均年齢は82歳。上は103歳で90歳以上はざらにいる。70歳など若手もいいところだ。そして、何より、この私が驚いたのは、平均入院日数1000日以上。約3年。最長入院日数は4500日。約12年。

しかし、あくまで病院だから、みんなどこかが悪くて入院している。できれば退院することの方がのぞましい。元気で家に戻ることが一番だからだ。だから、こんな統計を威張ることはできないにしても、いろいろな都合で帰れない、他の病院が引き受けてくれない等、終《つい》のすみかになってしまう人が多いのも事実である。

死を見つめるということのなかに、そうした病院選びがあることも、知っておいてほしい。

第6章　21世紀の提言

いよいよ、最後の章だ。

ここで、今まで書いてきた要点をまとめてみよう。各章の細かい記述は忘れてもかまわないし、読み飛ばしても結構だが、21世紀に楽しい老後を迎えたいのなら、少なくとも次に書かれていることだけでも、真剣に読んでほしい。

なぜなら、これを知っているだけでも、あなたは他の有象無象《うぞうむぞう》のスズメではなく、金色に輝いた珍しいスズメとして、まわりに注目される「希望にあふれた老後」が送れることは間違いないからである。

年寄りは自立心が大切

21世紀に老年期を迎える団塊の世代のあなたにとって、まず大事なのは「自立心」である。

よく「老人の自立」などと書かれているが、肉体面でも、精神面でもいかに自立が大切かは、この本にていねいに書いたつもりである。

肉体面でいえば、健康は医者に守ってもらうのではなく、自分で守る。誕生月には必ず人間ドックに入り、自分の身体の様子をチェックする。そして、ちょっとでも悪いところがあれば、医者にたずね、健康管理を自分で行う。

精神面でいえば、年をとっているからといって、決して甘えない。定年になって、何をしていいかわからないなど、まったくもって自立心の欠如としかいいようがない。ボケはこうした精神的自立心のない人に起こりやすいことは、さんざん述べた。つまり、健康面では自分の健康を自分でしっかり管理し、精神面ではボケないよう若いうちから、しっかりと計画を立てておくことが、「老人の自立」である。

家族に自分の将来の面倒をみてもらおうなどという気持ちは、ほんの一瞬たりとも持ってはいけない。どんなに自立しようと思っていても、そこからもろくも崩れさる例が多いからである。

まかせない、頼らない、甘えない。この「三ない」主義こそ、老人が健康で、ボケずに21世紀を生きる秘訣である。

老後の人生はやり直しがきかない

後悔、先に立たずという。

私たちの21世紀は、まさにその格言がピッタリあてはまる。

いまの年寄りたちは、若い頃から定年になるまで、会社のために、家族のために、あんなに一生懸命働いて、それでいて、待っていたのは現在の老後である。

日本という国はたしかに経済大国になったし、勤めあげた企業は一流になった。だが、滅私奉公で働いてきた人たちの老後は、豊かだったろうか。一流の福祉の恩恵を受けているだろうか。

彼らは「こんなはずではなかった」というにちがいない。

いまの老人たちは、私たちからみれば、老後の人生を生きた先輩であり、見本であり、言い方は悪いが、反面教師でもある。

その人たちの不幸な轍《てつ》を踏まないよう、いまから私たちは考え方を変えなければならないことが、現実をみてよくわかったことと思う。

もしあなたが、自分が年をとった時、「俺は家族のために汗水たらして頑張ったのだから、もっと大切にされるべきだ」などという妄想を持っていたら、それはいますぐにでも捨てなさい。残念ながら、それはあなたの「幻想」でしかないのだから。

「ああ、こんな老後だったら、あの時にこうすればよかった」などと後悔しないために、とにかく、自分のために、自分が思った通りに生きた方がいい。

老後の人生に、プレイバックはないのだから。

すべてプラス思考で考えろ！

年をとると、身体のあちこちが痛くなる。

そんな時、「ああ、痛い、痛い、なぜこんなに痛いんだ」と嘆くより、「痛いけど、歩けるのだから幸せだ。世の中には、寝たきりになった人や、不治の病で苦しんでいる人がたくさんいるんだから」と考える方がいいに決まっている。

年をとったら、身体のどこかが悪くなるのは当然だ。多少、膝や腰が痛くなったりすることは誰にだってあるのだから。これが、プラス思考である。

それと同じように、息子夫婦とうまくいかなくなっても、「みんな病気ひとつしないで元気でいてくれるから幸せだ」と思えれば、喧嘩《けんか》など起こりようがない。

長生きしている人たちに聞いてみると、それが実によくわかる。彼らは「あまり、クヨクヨしない」からだ。

元気で長生きしている人たちは、どんなストレスがかかってこようと、すべて気持ちの持ちようで、ストレスから解放されるということを本能的に知っているのだ。

それに何より、プラス思考で生きることによって、元気でいられる喜びを自分のなかで感じとれた瞬間に、「感謝」の心が芽生えてくる。

困ったことがあったら、すべてプラス思考で。これも21世紀を元気で生きる知恵のひとつである。

死ぬ前に二つの遺言状を……

どんなに元気で長生きしたところで、人間はいつか死ぬ。

だから、いまから自分の死に方を考えておくことも、元気で長生きするためには必要なことである。

たとえば、愛する夫や妻、あるいは子供たちに看とられながら、「ああ、なんて素晴らしい人生だったのだろう」と思って死ねたらいいと思う人は、そうした死を迎えるためには、いまから何をしたらいいのかを考えればいい。

家族に惜しまれて死ぬには、決してボケてはいけない。ボケてさんざん家族に迷惑をかけた後は、「ああ、死んでくれて助かった」と思われるだけである。

ポックリと死にたければ、それまで健康でなければならない。なかには、どうせ早死をするんだからと、無茶苦茶な生活を送る人もいるが、こういう人が寝たきりになって、家族をさらに困らせるのである。

また、自分の死を考えることは、生きることを考えることでもある。

たとえば百億円の金を手にした人が、もし自分の死に方について真剣に考えたとしたら、きっとその百億円を老後にどう使うかという方向に考えるに決まっている。なぜなら、そんな大金を残したところで、死んだらあの世に持っていけないことに気づくからである。遺言を前もって書いておくのもいいだろう。財産分けさえしっかりとしておけば、残りの金は自由に自分のために使えるからである。

そこで、死ぬまでに必要な二つの遺言状について書いておこう。

ひとつは当然、財産を誰にゆずるかという、普通の遺言状だが、何も１００パーセント平等に子供たちに分けなければならないものでもない。

例えば、不幸にして、寝たきりになったとしたら、誰がいちばん面倒をみてくれたかは、大事なポイントである。長男の嫁であれば、直接的に嫁に財産をあげるのは税法上、不利益になるが、その分、長男の取り分を増やすようにした方がよい。

そういう考え方を生前に示した方が、嫁だって気持ちが乗るというものである。ハッキリ自分の考えを言うことが「精神の自立」でもある。

もうひとつの遺言状は、自分の死に方、つまり「尊厳死」といわれる、自分で決めた最期を書類にしたものである。

こうこう、こういう状態になったら、いっさいの治療は拒否する等、思ったように書いておくことである。

書類にこだわるのは、ハッキリしたものがないと、医療機関では信用してくれないことが多いからである。

これに関しては『尊厳死協会』があり、決まった書類もあるので、問い合わせてみればよくわかると思う。

この21世紀。自分の死に方のイメージを考えることは、老後をどう生きるかという命題を考えることにつながるのである。

親孝行より子孝行

21世紀は、まさに老人の時代。

65歳以上の高齢者が人口の25パーセントを超える大変な時代がやってくる。子供の数が2000万人を割った時から、貴重なのは子供の方。交通事故で若い人が死ぬと、みんな悲しむが、65歳以上の人が死んだら、悲しむどころか心の中で拍手する悲しい時代がやってくる。

どこのデパートも、映画館も、まるで歌舞伎座ではないかと思うほど、老人であふれかえり、食堂なども「おばあちゃんランチ」が大流行するかもしれない。

こんな時代に、いままで通り、子供に親孝行を期待している親がいたら、どうしようもない時代遅れだ。もう親孝行などという言葉は死語で、これからは完全に「子孝行」の時代に入る。

子供にいかに迷惑をかけないで、自立して、金を残して、喜ばれて死ぬか――。

ただ、それだけである。いくら金を残しても、死ぬ時にボケたりして迷惑をかけた瞬間に、それまで育てた20年間の恩はなくなると考えた方がいい。

「うちの親父、昨日までピンピンしとったんやけどな、今朝、目が覚めたら死んどった。保険、ぎょうさんかけてあったわ」

「うわーっ、子孝行な親だこと」

という話は普通のことであろうか。

親孝行とは、世界共通の美しい親子の絆《きずな》であったはずである。おそらく世界のどの宗教もそう教えているであろう。

過日、日本とアメリカと中国の高校生の意識調査のなかで「将来、親の面倒をみるか」という項目で、アメリカの高校生は60パーセント台が「みる」と答えたのに対し、中国は30パーセント台、日本に至っては、わずか10数パーセントであった。

現在、60パーセントの同居率を誇る日本の、あなたの子供たちは将来、親の面倒をみる気などさらさらないのである。これは大変な驚きであった。

私の知るかぎり、いまの学校教育で親孝行や老人を大切にしようなどという教育を一生懸命やっている学校は少ないと思う。

21世紀も、好転するとは思えない。いや「敬老」という言葉も死語になっているかもしれない。

西暦2015年には4人にひとりが老人である。周囲がすべて老人というなかで、

「老人を大切にしよう」といったところで、老人だけがうなずくにすぎない。子供に好かれるのは、子供に迷惑をかけない「子孝行」の親だけである。

21世紀のキーワードは「子孝行」である。ゆめゆめ忘れることがないように。

学生にボランティアを

いま、日本では福祉施設の増設を考えている。

しかし、どんなに施設や設備を増やしていっても、そこに働こうという人がいなければ日本の福祉行政は成り立たない。

そこで21世紀の提言として、高校生や大学生にある一定の時間、施設での障害者や老人介護のボランティアをさせたらどうだろうか。簡単にはいかないと思うが、介護のボランティアをすることによって、就職に有利になる、教職過程に含めるとかといった「介護単位」を生かすようなカリキュラムがあれば、かなり実現すると思う。

西暦2015年にはボケ老人は200万人以上、寝たきり老人も約200万人と予想されている。そうなると、老人の介護はもはや珍しいことではなく、通常のこととなる。

誰もが他人事でなくなる21世紀、老人介護は一度は経験しておく必要があるだろう。

ドイツは徴兵制をとっているが、武器を持つのが嫌で兵役を拒否したい場合は、病院での介護で兵役と同じ義務を果たすことができるようになっているという。そうなれば、病院も若い男性の介護人が増えるので助かるというものである。

若い人たちがたくさんの福祉の現場での経験を積むことによって、老人介護の裾《すそ》野《の》を広げ、そのなかで専門のヘルパーさんを養成していくことである。老人介護には特別な技術は必要ない。人が人の面倒をみるということの基本的な意味をもっともっと普及させるべきではないだろうか。

アメリカでは、ボランティアを支えるボランティアがあるという。実際に介護をする人たちのグループのまわりで、その人たちの金銭援助を支えるボランティア・グループができてもいいと思う。もっともっと、福祉に関しても積極的に人材を育てていかないと、世界初の老人大国日本を支えきれないと思われる。こういうことをはっきりいう政治家がいないのが日本の悲劇だと私は思う。

21世紀は心の豊かさの時代

20世紀は物質文明の時代だったといわれている。

たしかに、物があふれ、ワープロ、パソコン、携帯電話、ゲーム機……次々と今までになかった新製品が誕生し、物質文明を謳歌《おうか》した時代ではあった。

では、21世紀はどんな時代かというと、20世紀の反面教師として、「心の豊かさの時代だ」といわれている。心の豊かさとは、人間が本来持っている、優しさ、愛情、自己犠牲などに価値を感じることである。しかし、心の豊かさというのは、物質文明のように、物がそこにあればわかるというようなものではなく、実感するのには、長い期間の積み重ねが大切になってくる。

そのためには、健康な身体と精神力、そして、それを実現させるための経済力も必要になってくる。

さらに、それにも増して重要なのが、「これまで信じてきたことがちがってきている」ということである。

子供に頼れない。年金はあてにできない……。

　そんななかで、人は何のために老い、誰のために生きるのかをしっかりと見つめていくことによって、そこに「自立」の思想が生まれ、そこから「心の豊かさ」が生まれてくるような気がする。

「子供には好かれている」
「妻には愛されている」
「社会にも少々役に立った」

　このどれかひとつでも、心の底からそう思えたら安らかに死ねると思うがどうだろう。

私の老後
——あとがきにかえて

最後に自分のことを書こう。

私はきっと一生医者をやっていくと思う。一般的にいえることだが、どんな医者でも、70歳を過ぎると、医学の発達についていけなくなるといわれているが、私もそうなる可能性は大きい。

そんな私の精神的な自立を助けているのは、私を頼ってくれている患者さんがいるということだ。だから、体力的に衰えて、医療の第一線に立てなくなっても、趣味的に医者をしていければ幸せだろうと思う。

そうなれば、患者さんとゆっくりと話ができるから、衰えた能力も少しはカバーできると思う。いい換えると、病院経営より、医術の方に進みたいのだ。

いまでも、医者として世間の役に立っているという自負がある。しかし、21世紀を迎えた今、自分の実感として、この世に生まれてきて、人の役に立ったという確固たるものがほしい。

そのためには、慈善事業をやるかもしれない。たとえば無料で患者を診るとか老人を集めたボランティア組織を作るとか。

まず、最初にやろうとしていることは、私が50代のうちに、老人を集めて、老人の意見をたくさん聞こうと思っている。相手は患者さんでなくてもいい。たとえば、老人が住みやすい町とはどんなところなのか、実際に真剣に討議し、お互いに何ができるのかを話し合いたいと思っている。

なぜ、こんなことをいうかというと、老人は「何かをやってもらう」ことが当たり前だと思っている人が多い。そうではなくて、自分に何ができるのかを考える方が大切だということを自ら実行してもらいたいのだ。そして、何かをできる人が幸福なのだと気づいてほしい。

お年寄りが集まって、自分たちが住みよい町づくりをする。そして、それぞれ自分たちの役割分担を決めて、自分たちでできるかぎりのことをする。作りあげる――。

そうした運動のなかにはじめて、若い人たちが、あるいは行政が「参加」してくれるのではないだろうか。

こうした運動をするためには、やはり自分自身の健康が第一である。

いま、もっと無理をして働けば、もうすこしお金がたまるかもしれない。けれど、自分の老後の計画を実現させるために、健康を一番に考えて仕事をしている。無理をすることもないと思っているので、ストレスがたまるようなことはしないようにしている。

しかし、私にも自分のことがよくわからない。

そうやって老後を送りながらも、もし寝たきりになってしまった場合——。

ふたりの医者に診てもらって、ダメだということになれば、延命措置をとらずに、尊厳死を選びたい。葬式をやる必要もない。家族に送ってもらえればいいと常々思っている。

この21世紀には自立し、生活を楽しみ、人に好かれる「金のスズメ」になることを誓って筆をおこう。

フレディ松川

本書は一九九六年十月、ベネッセコーポレーションより刊行されました。

集英社文庫　目録（日本文学）

集英社文庫　目録（日本文学）

峰隆一郎　非情の牙　人斬り弥介その六
峰隆一郎　埋蔵金の罠　人斬り弥介その七
峰隆一郎　殺刃《さつじん》　人斬り弥介その八
峰隆一郎　密書　新・人斬り弥介
峰隆一郎　凶賊　新・人斬り弥介
峰隆一郎　狼たち　新・人斬り弥介
峰隆一郎　白蛇　新・人斬り弥介
峰隆一郎　暗殺　新・人斬り弥介
峰隆一郎　牙と芽　新・人斬り弥介
峰隆一郎　翁《おきな》党《とう》　新・人斬り弥介
峰隆一郎　化粧鬼　新・人斬り弥介
峰隆一郎　宮里洸　甲州金　新・人斬り弥介
峰隆一郎　金沢発寝台特急「北陸」13分の殺意
峰隆一郎　別府発寝台特急「富士」45分の殺意
峰隆一郎　「出雲2号」13分の空白
峰隆一郎　新撰組局長首座　芹沢鴨
峰隆一郎　流れ灌頂《かんじょう》
峰隆一郎　都城発寝台特急「彗星」25分の殺意
峰隆一郎　西鹿児島発「金星」9分の殺意
峰隆一郎　青森発「十和田」4分の殺意
峰隆一郎　秋田発寝台特急「出羽」の殺意
宮内勝典　ぼくは始祖鳥になりたい
宮尾登美子　岩伍覚え書
宮尾登美子　影絵
宮尾登美子　朱夏(上)(下)
宮尾登美子　天涯の花
宮城谷昌光　青雲はるかに(上)(下)
宮子あずさ　こんな私が看護婦してる
宮子あずさ　看護婦だからできること
宮子あずさ　看護婦だからできることII
宮子あずさ　老親《ろうしん》の看《み》かた、私の老い方
宮子あずさ　ナースな言葉　こっそり教える看護の極意
宮里洸　幽鬼　人斬り弥介秘録
宮里洸　鬼神　人斬り弥介秘録
宮里洸　沈む町　人斬り弥介秘録
宮里洸　茜雪《あかねゆき》　人斬り弥介秘録
宮里洸　霧隠才蔵　決定版・真田十勇士
宮沢賢治　銀河鉄道の夜
宮沢賢治　注文の多い料理店
宮嶋康彦　さくら路《みち》
宮部みゆき　地下街の雨
宮部みゆき　R.P.G.
宮本輝　焚火の終わり(上)(下)
宮本昌孝　藩校早春賦
宮本昌孝　夏雲あがれ(上)(下)
宮脇俊三　鉄道旅行のたのしみ
三好徹　興亡と夢(全五巻)
三好徹　戦士の賦(上)(下)

集英社文庫

老後《ろうご》の大盲点《だいもうてん》

2002年1月25日　第1刷
2006年6月11日　第9刷

定価はカバーに表示してあります。

著者　フレディ松川《まつかわ》

発行者　加藤　潤

発行所　株式会社　集英社
東京都千代田区一ツ橋2―5―10
〒101-8050
電話　03（3230）6095（編集）
　　　03（3230）6393（販売）
　　　03（3230）6080（読者係）

印刷　図書印刷株式会社
製本　図書印刷株式会社

ISBN4-08-747405-4 C0195